Brillantes comme des étoiles

Table de matière

En écrivant "Brillantes comme des étoiles : histoires de filles qui ont changé le monde", j'ai voulu offrir aux jeunes filles du monde entier une source d'inspiration et d'encouragement. À travers les histoires captivantes de 50 femmes extraordinaires, ce livre invite les jeunes filles à rêver grand et à croire en leur capacité de changer le monde.

Les femmes présentées dans ce livre sont des pionnières, des innovatrices, des rebelles et des leaders qui ont brisé les stéréotypes de genre et ont ouvert la voie à un monde plus égalitaire. Elles ont surmonté les obstacles, ont défié les attentes et ont réalisé des choses incroyables. Leurs histoires sont des témoignages inspirants de courage, de détermination et de persévérance.

Ce livre est un hommage à toutes les femmes qui ont laissé leur marque sur le monde, grandes et petites. Il est destiné à inspirer les jeunes filles à poursuivre leurs rêves, à croire en elles-mêmes et à s'efforcer de réaliser leur plein potentiel.

J'espère que les histoires inspirantes de "Brillantes comme des étoiles : histoires de filles qui ont changé le monde" inciteront les jeunes filles à prendre des risques, à être audacieuses et à être fières de qui elles sont. Que ce livre soit une source d'inspiration pour toutes les jeunes filles qui cherchent à briller comme des étoiles.

ADA LOVELACE

Ada Lovelace était une brillante mathématicienne souvent créditée d'être la première programmeuse d'ordinateur au monde. Née à Londres en 1815, Ada était la fille de Lord Byron, un célèbre poète, et d'Annabella Milbanke, une mathématicienne.

Enfant, Ada était fascinée par les machines et leur fonctionnement. Elle était particulièrement intéressée par une machine appelée le Moteur à différence, conçue pour effectuer des calculs mathématiques. Ada est devenue amie avec son inventeur, Charles Babbage, et a été invitée à voir sa dernière invention, l'Engine Analytique.

Ada était fascinée par l'Engine Analytique et a commencé à étudier sa conception en détail. Elle a réalisé que la machine pouvait être programmée pour effectuer n'importe quelle tâche qui pouvait être décomposée en une série d'opérations mathématiques. Cette idée était révolutionnaire à l'époque, car personne n'avait jamais pensé à utiliser des machines pour autre chose que des calculs de base.

Ada a travaillé sans relâche pour développer une méthode de programmation de l'Engine Analytique. Elle a rédigé un ensemble de notes détaillées expliquant comment la machine pouvait être programmée pour effectuer diverses tâches, notamment la création de musique et de graphiques. Ses notes comprenaient même ce qui est considéré comme le premier programme informatique au monde.

Malgré son travail révolutionnaire, les contributions d'Ada au domaine de l'informatique ont été largement oubliées pendant de nombreuses années. Ce n'est qu'à partir des années 1950 que ses notes ont été redécouvertes et que son travail a été reconnu comme une contribution majeure au domaine de l'informatique.

Ada Lovelace était une véritable pionnière dans le monde de l'informatique, et son travail a posé les fondations de l'ère de l'informatique moderne. Sa passion pour les mathématiques et les machines inspire les jeunes filles à suivre ses traces et à poursuivre leurs propres rêves d'innovation et de découverte.

une brillante mathématicienne et pionnière de l'informatique.

AGATHA CHRISTIE

Agatha Christie était une écrivaine anglaise renommée, souvent considérée comme la reine du roman policier. Née en 1890 à Torquay, Agatha a grandi dans une famille aisée et a été éduquée à domicile par sa mère. Dès son plus jeune âge, elle a montré un intérêt pour les histoires de détective et a commencé à écrire des histoires courtes dès l'âge de 18 ans.

En 1920, Agatha a publié son premier roman, "La Mystérieuse Affaire de Styles", qui a introduit le célèbre détective belge, Hercule Poirot. Le roman a été un succès immédiat, et Agatha a continué à écrire des histoires de détective avec Poirot comme protagoniste. Pendant la Seconde Guerre mondiale, Agatha a travaillé pour le service de renseignement britannique MI5. Elle a travaillé comme secrétaire et a également participé à la rédaction de rapports sur les activités des agents ennemis. Cette expérience a inspiré son roman "N ou M?", qui met en scène deux personnages travaillant pour le service de renseignement britannique pendant la guerre.

Au fil des années, Agatha a écrit de nombreux romans policiers, dont "Dix Petits Nègres" et "Le Crime de l'Orient-Express", qui sont considérés comme des classiques du genre. Elle a également créé un autre détective célèbre, Miss Marple, qui a été introduit dans le roman "Murder at the Vicarage".

Agatha Christie est l'un des écrivains les plus vendus de tous les temps, avec plus de 2 milliards de livres vendus dans le monde entier. Ses histoires de détective ont été adaptées pour la télévision, le cinéma et le théâtre, et continuent d'inspirer de nouveaux écrivains dans le genre du roman policier. Elle reste une icône de la littérature britannique et un symbole de l'ingéniosité et de l'intrigue pour les lecteurs du monde entier.

L'une des auteures de romans policiers les plus célèbres de tous les temps

AMELIA EARHART

Amelia Earhart est née en 1897 à Atchison, au Kansas. Elle a été élevée dans une famille où les femmes étaient encouragées à poursuivre leurs rêves et à briser les stéréotypes de genre. À l'âge de 23 ans, Amelia a pris son premier cours de pilotage et est rapidement devenue passionnée par l'aviation.

En 1928, Amelia est devenue la première femme à traverser l'Atlantique en avion, en tant que passagère à bord d'un vol historique. Deux ans plus tard, elle a établi son propre record en traversant l'Atlantique en tant que pilote. Elle a ensuite accompli de nombreux autres exploits aériens, y compris la première traversée en solitaire du Pacifique par une femme.

En plus de sa passion pour l'aviation, Amelia était une fervente militante pour les droits des femmes. Elle a souvent parlé publiquement de l'importance de l'égalité des sexes et a encouragé les femmes à poursuivre leurs rêves, quelles que soient les barrières qui se dressent sur leur chemin.

Malheureusement, en 1937, alors qu'elle tentait de faire le tour du monde en avion, Amelia a disparu en mer et n'a jamais été retrouvée. Bien que sa vie ait été tragiquement écourtée, son héritage en tant que pionnière de l'aviation et militante pour les droits des femmes continue d'inspirer des générations de personnes dans le monde entier.

Pionnière de l'aviation et une icône du féminisme.

ANNE FRANK

Anne Frank est née en 1929 à Francfort, en Allemagne. En 1933, alors qu'elle avait seulement quatre ans, les nazis ont pris le pouvoir en Allemagne et la famille d'Anne a été forcée de fuir aux Pays-Bas pour échapper aux persécutions.

En 1940, les nazis ont envahi les Pays-Bas et ont commencé à persécuter les Juifs. La famille d'Anne s'est cachée dans une annexe secrète au-dessus du bureau où son père travaillait. Pendant plus de deux ans, Anne a vécu en confinement, écrivant dans son journal et rêvant de liberté.

Malheureusement, en 1944, la cachette de la famille a été découverte et ils ont été envoyés dans des camps de concentration. Anne est décédée peu de temps avant la fin de la guerre, à l'âge de seulement 15 ans.

Malgré son jeune âge, Anne Frank a laissé derrière elle un héritage puissant de courage, de résilience et d'espoir. Son journal, publié sous le titre "Le Journal d'Anne Frank", est devenu l'un des livres les plus lus au monde et a inspiré des générations de personnes à lutter contre l'injustice et à se battre pour un monde meilleur.

Une jeune fille courageuse et inspirante qui a laissé derrière elle un héritage puissant de courage et d'espoir.

ANNE SULLIVAN

Anne Sullivan est connue pour être la personne qui a enseigné à Helen Keller, une jeune fille aveugle et sourde, comment communiquer avec le monde extérieur.

Anne Sullivan est née en 1866 en Irlande et a immigré aux États-Unis à l'âge de 11 ans. Elle a perdu une grande partie de sa vue à cause d'une infection oculaire non traitée. Malgré cela, elle a étudié à l'école pour aveugles Perkins à Boston, où elle a développé une technique d'enseignement en relief, utilisant des lettres en relief pour permettre aux élèves aveugles de lire.

En 1887, Anne Sullivan est devenue l'enseignante d'Helen Keller, une jeune fille aveugle et sourde qui avait du mal à communiquer avec les autres. Avec patience et persévérance, Anne a travaillé avec Helen pour lui apprendre à communiquer en utilisant des signes tactiles sur sa main, lui permettant ainsi de comprendre les mots et de se faire comprendre.

Anne a également accompagné Helen dans sa scolarité, la soutenant dans son apprentissage de la lecture, de l'écriture et de l'arithmétique. Grâce à Anne, Helen a réussi à aller à l'université et est devenue une écrivaine et une militante pour les droits des personnes handicapées.

La relation entre Anne Sullivan et Helen Keller a été une source d'inspiration pour de nombreuses personnes, montrant comment la patience, la persévérance et l'amour peuvent aider les personnes les plus vulnérables à surmonter les obstacles les plus difficiles. Anne Sullivan est une figure importante de l'histoire de l'éducation des personnes handicapées et de l'émancipation des femmes.

Une jeune fille courageuse et inspirante qui a laissé derrière elle un héritage puissant de courage et d'espoir.

ARTEMISIA GENTILESCHI

Artemisia Gentileschi était une artiste italienne baroque née en 1593. Elle a vécu dans une époque où la peinture était dominée par les hommes, mais elle a réussi à devenir l'une des peintres les plus célèbres de son temps.

Artemisia a commencé à apprendre la peinture avec son père dès son plus jeune âge. Elle avait un talent naturel pour l'art, et elle a rapidement montré sa capacité à représenter des figures humaines de manière réaliste. Son travail était remarquable pour sa représentation de femmes fortes et puissantes.

Cependant, Artemisia a également été confrontée à de nombreux défis en raison de son genre. Elle a été violée à l'âge de dix-sept ans par un ami de son père et a été traînée devant les tribunaux pour témoigner contre lui. Malgré le traumatisme qu'elle a subi, elle a continué à travailler et à créer des œuvres d'art remarquables qui ont inspiré des générations de femmes.

Artemisia est devenue l'une des premières femmes à être reconnue pour son travail dans un domaine artistique dominé par les hommes. Elle a démontré que les femmes pouvaient être des artistes talentueuses et a ouvert la voie à de nombreuses autres femmes dans le domaine des arts. Son travail est un rappel puissant que les femmes peuvent surmonter les obstacles et atteindre de grandes choses.

Une artiste italienne baroque qui a surmonté les obstacles de son époque pour devenir l'une des peintres les plus célèbres de son temps.

AUDREY HEPBURN

Audrey est née en 1929 à Bruxelles, en Belgique. Elle a passé une grande partie de son enfance à voyager avec sa mère, une aristocrate néerlandaise, et a étudié la danse classique à Londres. À l'âge de 22 ans, elle a obtenu son premier rôle principal dans le film "Vacances romaines" qui lui a valu un Oscar et qui a lancé sa carrière cinématographique.

Audrey était connue pour son élégance et son style unique, qui ont inspiré des générations de femmes. Mais elle était également une femme engagée, qui a utilisé sa célébrité pour soutenir des causes qui lui tenaient à cœur. Elle a travaillé avec l'UNICEF pendant de nombreuses années, aidant les enfants défavorisés à travers le monde.

Malgré son apparence délicate, Audrey était une femme forte et déterminée, qui a surmonté de nombreux obstacles tout au long de sa vie. Elle a vécu pendant la Seconde Guerre mondiale en Hollande, où elle a souffert de malnutrition et de la perte de membres de sa famille. Mais elle a survécu à ces épreuves et a utilisé cette expérience pour inspirer les autres à persévérer face à l'adversité.

L'histoire d'Audrey Hepburn est un rappel de l'importance de la détermination, de la grâce et de la bonté. Elle est une inspiration pour toutes les femmes qui aspirent à réaliser leurs rêves et à faire une différence dans le monde. Sa beauté intérieure et extérieure est un exemple pour nous tous, et son héritage continue de briller comme une étoile dans le ciel de la culture populaire.

A inspiré des millions de personnes à travers le monde avec sa beauté, son charisme et sa détermination.

BARBARA MCCLINTOCK

Barbara est née en 1902 à Hartford, dans le Connecticut, aux États-Unis. Elle a étudié la botanique à l'université Cornell et a commencé sa carrière scientifique en travaillant sur la génétique des plantes.

Pendant des années, Barbara a mené des recherches sur les chromosomes des plantes et a découvert quelque chose de révolutionnaire : les transposons, également appelés "gènes sauteurs". Elle a observé que ces gènes pouvaient changer de place dans les chromosomes, ce qui avait un impact important sur les caractéristiques des plantes. Cette découverte a ouvert de nouvelles voies de recherche en génétique et a permis de mieux comprendre comment les caractéristiques sont transmises de génération en génération.

Malgré ses contributions importantes à la science, Barbara a été largement ignorée et même ridiculisée par ses collègues scientifiques pendant des années. Cependant, elle a continué à poursuivre ses recherches avec détermination et persévérance, et finalement, en 1983, elle a reçu le prix Nobel de physiologie ou médecine pour ses travaux révolutionnaires en génétique.

L'histoire de Barbara McClintock est un rappel de l'importance de la persévérance et de la détermination, même face à l'adversité et à l'injustice. Elle est une inspiration pour toutes les femmes qui aspirent à réussir dans le domaine de la science et de la recherche, et sa contribution à la génétique continue de changer notre compréhension du monde qui nous entoure.

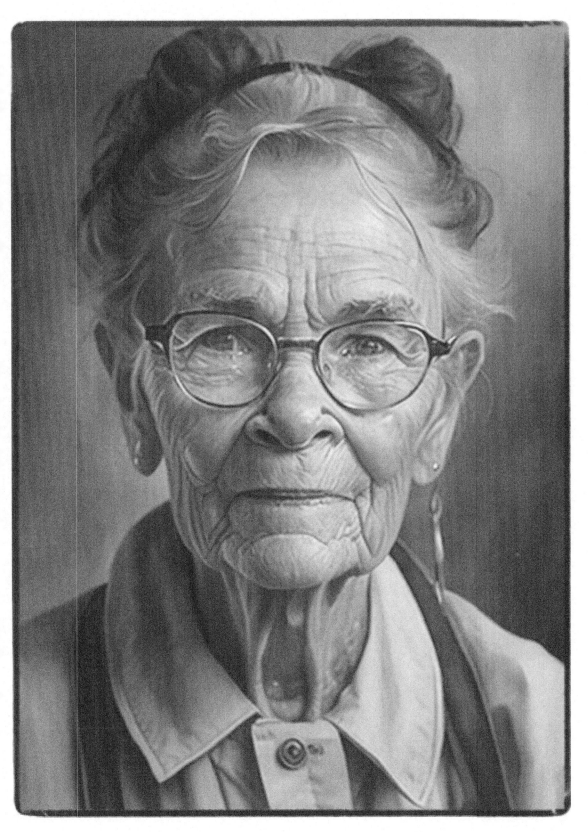

Une scientifique qui a révolutionné le domaine de la génétique

BEATRIX POTTER

Beatrix est née en 1866 à Londres, en Angleterre. Elle a passé une grande partie de son enfance dans la campagne anglaise, où elle a développé un amour profond pour la nature et les animaux. Elle a commencé à dessiner et à peindre dès son plus jeune âge, et à l'âge adulte, elle a commencé à écrire des histoires pour enfants mettant en scène des animaux.

En 1902, Beatrix a publié son premier livre, "The Tale of Peter Rabbit", qui est rapidement devenu un succès auprès des enfants et des adultes. Elle a ensuite publié de nombreux autres livres pour enfants, tous illustrés avec ses propres dessins détaillés et charmants.

Mais Beatrix était plus qu'une simple auteure et illustratrice. Elle était également une femme engagée qui a lutté pour la conservation de la nature et de la faune en Angleterre. Elle a acheté de vastes étendues de terres dans la campagne pour les préserver de la destruction et a travaillé avec des organisations pour protéger les habitats naturels des animaux.

L'histoire de Beatrix Potter est un rappel de l'importance de la créativité, de l'imagination et de l'amour de la nature. Elle est une inspiration pour toutes les femmes qui aspirent à être des écrivaines, des artistes ou des défenseures de l'environnement, et ses livres pour enfants continuent d'inspirer et d'émerveiller des générations de lecteurs.

Auteure et illustratrice de livres pour enfants qui a enchanté des générations de lecteurs avec ses histoires et ses dessins charmants

BESSIE COLEMAN

Bessie est née en 1892 à Atlanta, au Texas, aux États-Unis. Elle était la fille de parents afro-américains pauvres et a grandi dans une famille de 13 enfants. Malgré les obstacles qu'elle a rencontrés en raison de sa race et de son genre, elle a développé une passion précoce pour l'aviation après avoir vu des avions dans le ciel pendant son enfance.

Cependant, en raison de la discrimination raciale, il était très difficile pour Bessie de trouver un instructeur d'aviation aux États-Unis. Elle a donc décidé de partir en France pour obtenir sa licence de pilote. En 1921, elle est devenue la première femme afro-américaine et la première personne d'ascendance africaine à obtenir une licence de pilote internationale.

Bessie est retournée aux États-Unis et est devenue une aviatrice renommée, réalisant des acrobaties aériennes et donnant des spectacles dans tout le pays. Elle a également été une militante pour les droits civiques et a utilisé sa notoriété pour aider à promouvoir l'égalité raciale.

Malheureusement, Bessie est décédée prématurément en 1926, à l'âge de 34 ans, dans un accident d'avion lors d'un vol d'entraînement. Cependant, son héritage en tant que pionnière de l'aviation et défenseure de l'égalité raciale continue d'inspirer des générations de femmes et de minorités.

L'histoire de Bessie Coleman est un rappel de l'importance de la persévérance, de la détermination et du courage face à l'adversité et à l'injustice. Elle est une inspiration pour toutes les femmes qui aspirent à briser des barrières et à réaliser leurs rêves, quels qu'ils soient, et sa contribution à l'aviation continue de changer notre compréhension du monde qui nous entoure.

Pionnière de l'aviation qui a brisé des barrières raciales et de genre pour réaliser son rêve de voler

CHIEN-SHIUNG WU

Chien-Shiung Wu est née en Chine en 1912 et a été élevée dans une famille qui valorisait l'éducation. Elle a étudié la physique à l'université de Nankin, puis a obtenu une bourse pour étudier aux États-Unis, où elle a obtenu un doctorat en physique de l'université de Californie, à Berkeley.

Au cours de sa carrière, Chien-Shiung Wu a travaillé sur de nombreux projets importants dans le domaine de la physique nucléaire. En 1956, elle a joué un rôle clé dans l'expérience Wu-Madsen, qui a prouvé que la nature ne respectait pas la symétrie miroir, une découverte importante pour la compréhension de la structure fondamentale de l'univers.

Malgré ses réalisations exceptionnelles, Chien-Shiung Wu a dû surmonter de nombreux obstacles en raison de son sexe et de sa race. Elle a été refusée à plusieurs reprises pour des postes en raison de préjugés sexistes et racistes. Mais elle a persisté, travaillant avec détermination pour prouver sa valeur en tant que scientifique.

L'histoire de Chien-Shiung Wu est un rappel de l'importance de la persévérance et de la détermination face à l'adversité. Elle a brisé les barrières de genre et de race dans un domaine largement dominé par les hommes blancs, prouvant que les femmes et les personnes de couleur peuvent faire des contributions importantes et durables à la science. Elle est une source d'inspiration pour toutes les filles et les femmes qui poursuivent leur passion pour les sciences et qui cherchent à suivre leur propre chemin, même lorsque cela signifie braver les normes sociales et les obstacles.

Physicienne remarquable qui a brisé les barrières de genre et de race pour devenir l'une des scientifiques les plus respectées de son temps

CLEOPATRA

Cleopatra est née en 69 avant notre ère dans la ville d'Alexandrie, en Égypte. Elle est issue d'une longue lignée de rois et de reines égyptiens et était connue pour sa beauté, son intelligence et sa culture. Elle a appris plusieurs langues et s'est intéressée à la philosophie, à la littérature et aux sciences.

En 51 avant notre ère, Cleopatra est devenue la reine d'Égypte après la mort de son père. Elle a ensuite gouverné avec sagesse et a travaillé à améliorer la vie de son peuple, en encourageant le commerce et en construisant des temples et des bibliothèques.

Mais l'une des histoires les plus célèbres de Cleopatra est sa liaison avec le général romain Marc Antoine. Leur relation a créé des tensions entre l'Égypte et Rome, qui étaient en guerre à l'époque. En 31 avant notre ère, les forces de Marc Antoine ont été vaincues par l'armée romaine dirigée par Octave (plus tard connu sous le nom d'empereur Auguste). Selon la légende, Cleopatra s'est suicidée en se faisant mordre par un cobra plutôt que d'être capturée par Octave.

Cleopatra a été une reine courageuse qui a défendu son pays et son peuple contre les envahisseurs étrangers. Elle a également été une figure influente dans l'histoire de l'Égypte et dans la relation entre Rome et l'Égypte antique. Son histoire est un rappel de la force et de l'indépendance des femmes, même dans un monde dominé par les hommes. Elle est une source d'inspiration pour les femmes du monde entier, rappelant que nous avons tous le pouvoir de faire une différence dans le monde.

La reine légendaire de l'Égypte antique

COCO CHANEL

Gabrielle Chanel est née en 1883 en France, dans une famille modeste. Elle grandit dans un orphelinat après la mort de sa mère et y apprend à coudre. Elle quitte l'orphelinat à l'âge de 18 ans et commence à travailler comme couturière dans une petite boutique.

Coco Chanel ne se contente pas de suivre les tendances de son époque, elle les défie. Elle crée des vêtements confortables, pratiques et élégants pour les femmes, qui peuvent être portés tous les jours. Elle abandonne les corsets, les jupons et les chapeaux extravagants qui étaient à la mode à l'époque.

En 1910, elle ouvre sa première boutique à Paris et crée sa propre ligne de mode. Elle devient rapidement célèbre pour ses créations innovantes et son style audacieux. Elle est la première à introduire des vêtements pour femmes inspirés du vestiaire masculin, tels que les pantalons et les vestes en tweed.

Pendant la Première Guerre mondiale, Coco Chanel s'implique dans l'effort de guerre en travaillant comme infirmière et en faisant des dons pour les soldats blessés. Après la guerre, elle continue de travailler dans la mode et lance sa célèbre ligne de parfums Chanel No. 5 en 1921.

Coco Chanel est une pionnière de la mode, qui a su s'imposer dans un monde d'hommes. Elle a brisé les conventions de son époque en créant des vêtements pratiques et élégants pour les femmes, et en introduisant des éléments masculins dans sa mode. Elle a également été une figure importante de la culture française, en créant une maison de mode iconique et en contribuant au rayonnement de la mode française dans le monde entier.

Aujourd'hui encore, Coco Chanel est une source d'inspiration pour les femmes du monde entier, qui admirent son courage, son audace et son sens de l'esthétique intemporel.

Une femme courageuse qui a révolutionné le monde de la mode

DOROTHY HODGKIN

Dorothy Hodgkin est née en 1910 en Égypte et a grandi en Grande-Bretagne. Elle a montré un intérêt précoce pour la science et a étudié la chimie à l'université d'Oxford.

Au début de sa carrière, Hodgkin s'est concentrée sur la cristallographie, une technique qui permet de déterminer la structure atomique des molécules. Elle a développé une méthode de cristallographie aux rayons X pour déterminer la structure des molécules complexes, qui a révolutionné le domaine de la chimie.

L'un de ses travaux les plus célèbres a été la détermination de la structure de l'insuline en 1969, une découverte qui a permis de comprendre comment cette hormone régule la glycémie dans le corps. Hodgkin a également déterminé la structure de la vitamine B12 et de la pénicilline, deux molécules importantes pour la santé humaine.

Malgré les défis qu'elle a rencontrés en tant que femme dans un domaine scientifique dominé par les hommes, Hodgkin a persévéré et a été récompensée pour ses réalisations exceptionnelles. Elle a reçu de nombreux prix, dont le prix Nobel de chimie en 1964, devenant ainsi la troisième femme à recevoir cette distinction.

Dorothy Hodgkin a laissé un héritage important dans le domaine de la chimie, non seulement pour ses découvertes scientifiques, mais aussi pour son travail de mentorat auprès de jeunes scientifiques. Sa passion pour la science et son dévouement à l'égalité des chances ont inspiré de nombreuses femmes à poursuivre une carrière dans les sciences.

Scientifique britannique qui a découvert la structure de nombreuses molécules importantes, y compris l'insuline.

EDITH CAVELL

Edith Cavell est née en Angleterre en 1865 et a grandi dans une famille dévouée à l'éducation et au service aux autres. Elle a étudié l'infirmière et a travaillé dans plusieurs hôpitaux en Angleterre avant de se rendre en Belgique pour aider à ouvrir une école d'infirmières.

Lorsque la Première Guerre mondiale a éclaté, Edith a utilisé ses compétences en soins infirmiers pour aider les soldats blessés, qu'ils soient britanniques, allemands ou belges. Cependant, elle a également aidé des soldats alliés à s'échapper de la Belgique occupée par les Allemands.

Malheureusement, elle a été arrêtée et condamnée à mort pour espionnage. Edith a refusé de renoncer à ses convictions et a été fusillée par les Allemands en octobre 1915. Elle est devenue un symbole de l'héroïsme et du courage, inspirant les gens du monde entier à se battre pour la justice et la liberté.

Edith Cavell restera à jamais dans nos mémoires comme une femme courageuse qui a risqué sa vie pour aider les autres et défendre ses convictions. Nous espérons que son histoire inspirera les jeunes filles à poursuivre leurs rêves et à se battre pour ce en quoi elles croient.

Infirmière britannique qui a aidé de nombreux soldats pendant la Première
Guerre mondiale.

ELEANOR ROOSEVELT

Eleanor Roosevelt est née en 1884 à New York, aux États-Unis. Elle était membre d'une famille riche et influente, mais elle a choisi de consacrer sa vie à aider les autres. Elle a travaillé comme enseignante et a soutenu de nombreuses causes, notamment les droits des femmes et des travailleurs.

En 1933, son mari Franklin D. Roosevelt est devenu président des États-Unis, et Eleanor est devenue la Première dame. Elle a utilisé cette position pour défendre les droits des minorités et des pauvres, ainsi que pour encourager les femmes à participer à la vie politique.

Après la mort de son mari en 1945, Eleanor a continué à travailler pour les droits de l'homme et la paix dans le monde. Elle a été nommée déléguée des États-Unis aux Nations Unies, où elle a joué un rôle clé dans l'élaboration de la Déclaration universelle des droits de l'homme.

Eleanor Roosevelt a inspiré des générations de femmes à se battre pour l'égalité et la justice. Elle a démontré que les femmes peuvent être des leaders et des agents de changement dans le monde. Nous espérons que son histoire continuera à inspirer les jeunes filles à poursuivre leurs rêves et à travailler pour un monde meilleur.

Une femme remarquable qui a défendu les droits de l'homme et l'égalité pour tous.

ELIZABETH BLACKWELL

Elizabeth Blackwell est née en Angleterre en 1821, mais elle a immigré aux États-Unis avec sa famille alors qu'elle était encore jeune. Elle a décidé de devenir médecin après la mort d'un ami, qui lui avait dit qu'il aurait préféré être soigné par une femme qu'un homme.

Cependant, à l'époque, les femmes n'étaient pas autorisées à étudier la médecine. Elizabeth a donc dû faire face à de nombreuses difficultés pour réaliser son rêve. Elle a envoyé des demandes d'admission à de nombreuses écoles de médecine, mais toutes ont été rejetées.

Finalement, elle a été acceptée à l'école de médecine Geneva College, mais seulement parce que les directeurs ont pensé que sa candidature était une blague. Elizabeth a prouvé qu'elle était une étudiante sérieuse et a finalement obtenu son diplôme de médecine en 1849.

Elle a ensuite ouvert une clinique à New York avec ses sœurs, également médecins. Elizabeth a consacré sa vie à la promotion de la santé des femmes et à l'amélioration de la formation médicale pour les femmes. Elle a également fondé une école de médecine pour femmes à New York.

Grâce à ses efforts, de plus en plus de femmes ont été admises dans les écoles de médecine aux États-Unis et dans d'autres pays. Elizabeth Blackwell est un exemple inspirant de détermination et de persévérance pour toutes les femmes qui veulent réaliser leurs rêves

La première femme médecin aux États-Unis.

ELLA FITZGERALD

Ella Fitzgerald est née en 1917 à Newport News, en Virginie. Elle a grandi à New York, où elle a commencé à chanter dans des clubs de jazz dès son plus jeune âge. Malgré les difficultés qu'elle a rencontrées en grandissant, Ella a continué à poursuivre sa passion pour la musique.

En 1934, Ella a remporté un concours de talents au célèbre Apollo Theater de Harlem, à New York. Ce concours a lancé sa carrière et l'a aidée à devenir l'une des chanteuses de jazz les plus célèbres au monde.

Ella a enregistré de nombreux albums au cours de sa carrière, dont certains ont remporté des prix Grammy. Elle a travaillé avec de nombreux artistes de renom, tels que Duke Ellington et Louis Armstrong.

Malgré le racisme et la discrimination qu'elle a subis tout au long de sa vie, Ella a continué à faire ce qu'elle aimait. Elle a été une source d'inspiration pour de nombreuses personnes, notamment pour les femmes et les personnes de couleur qui cherchent à poursuivre leurs rêves.

Ella Fitzgerald restera dans les mémoires comme une chanteuse talentueuse et inspirante qui a ouvert la voie à de nombreuses personnes dans l'industrie de la musique.

Chanteuse américaine légendaire qui a inspiré de nombreuses personnes à travers sa musique

EMILY DICKINSON

Emily Dickinson est née en 1830 à Amherst, dans le Massachusetts. Elle a grandi dans une famille aisée et a été éduquée à la maison. Elle aimait écrire de la poésie dès son plus jeune âge et a commencé à publier quelques-uns de ses poèmes dans des journaux locaux.

Cependant, Emily préférait écrire pour elle-même et n'a pas cherché à être publiée de manière régulière. Elle a écrit plus de 1 800 poèmes au cours de sa vie, dont beaucoup ont été découverts après sa mort en 1886.

Les poèmes d'Emily Dickinson sont connus pour leur style unique et leur utilisation de la langue. Elle a écrit sur des thèmes tels que la mort, l'amour, la nature et la spiritualité. Bien que son travail ait été largement ignoré pendant de nombreuses années après sa mort, il est maintenant considéré comme faisant partie intégrante de la littérature américaine.

Emily Dickinson était une femme indépendante et créative qui a refusé de se conformer aux attentes sociales de son époque. Elle a préféré suivre son propre chemin et a créé un héritage littéraire qui continue d'inspirer les gens du monde entier.

Poétesse américaine qui a laissé derrière elle un héritage littéraire incroyable.

FRIDA KAHLO

Frida Kahlo est née en 1907 à Coyoacán, au Mexique. Elle a vécu une vie marquée par des épreuves et des douleurs physiques, notamment un accident de bus qui l'a laissée avec des blessures graves qui ont nécessité de nombreuses opérations.

Malgré ses souffrances, Frida a commencé à peindre alors qu'elle était alitée, utilisant un miroir pour peindre des autoportraits. Ses peintures ont souvent exploré des thèmes tels que la douleur, la mort et l'identité mexicaine.

Frida Kahlo était également connue pour son esprit rebelle et son engagement en faveur des droits des femmes. Elle portait souvent des vêtements traditionnels mexicains et arborait un mono-sourcil, un choix esthétique qui était considéré comme non conventionnel à l'époque.

Malgré les obstacles qu'elle a rencontrés en raison de sa condition physique et de son genre, Frida a continué à peindre et à s'exprimer de manière créative jusqu'à sa mort en 1954. Elle est maintenant considérée comme l'une des artistes les plus importantes du XXe siècle et une icône pour les femmes et les personnes de couleur dans le monde entier.

Artiste mexicaine célèbre pour ses peintures audacieuses et son esprit rebelle.

GRETA THUNBERG

Greta Thunberg est née en 2003 à Stockholm, en Suède. En 2018, à l'âge de 15 ans, elle a commencé à manifester devant le parlement suédois tous les vendredis pour demander des actions concrètes contre le changement climatique. Elle a lancé le mouvement de grève scolaire pour le climat, encourageant les élèves à manifester pour le climat au lieu d'aller en classe.

La protestation de Greta a rapidement attiré l'attention du monde entier et a inspiré des millions de jeunes à se mobiliser pour la protection de l'environnement. Elle a prononcé des discours émouvants devant des audiences internationales, appelant les dirigeants mondiaux à prendre des mesures immédiates pour lutter contre le changement climatique.

Greta Thunberg a été nommée l'une des personnes les plus influentes au monde par le magazine Time en 2019 et a été invitée à s'adresser à des forums internationaux tels que les Nations unies et le Forum économique mondial. Elle a également reçu de nombreux prix et distinctions pour son travail en faveur de la justice climatique.

Malgré les critiques et les attaques dont elle a été la cible, Greta continue de militer pour la protection de l'environnement et inspire des millions de personnes à travers le monde à agir pour sauver notre planète.

Jeune militante suédoise qui a inspiré des millions de personnes dans le monde
entier à se mobiliser pour la lutte contre le changement climatique

HELEN KELLER

Helen Keller est née en 1880 en Alabama, aux États-Unis. Elle est devenue sourde et aveugle à l'âge de 19 mois à la suite d'une maladie. Malgré ses handicaps, elle a réussi à communiquer avec les autres grâce à l'aide de sa tutrice, Anne Sullivan. Anne a enseigné à Helen le langage des signes et a développé un système de communication tactile en tapant des lettres sur la paume de sa main.

Grâce à l'éducation d'Anne, Helen a pu poursuivre ses études et est devenue la première personne sourde et aveugle à obtenir un diplôme universitaire aux États-Unis. Elle a ensuite travaillé comme éducatrice et a milité pour les droits des personnes handicapées, en prônant notamment l'accès à l'éducation pour tous.

Helen Keller a également été une militante pour les droits des femmes et a participé à la fondation de la Ligue américaine pour la défense des droits et des intérêts des handicapés en 1920. Elle a écrit plusieurs livres sur sa vie et sa lutte pour l'égalité des personnes handicapées.

Helen Keller est devenue une icône de l'émancipation des personnes handicapées dans le monde entier. Elle a reçu de nombreuses distinctions, dont la Médaille présidentielle de la liberté, la plus haute distinction civile aux États-Unis. Son histoire est un exemple inspirant de courage et de persévérance face à l'adversité.

éducatrice, conférencière et militante américaine qui a surmonté sa cécité et sa surdité pour devenir une figure emblématique de l'émancipation des personnes handicapées.

HELLENIC PHILOSOPHER HYPATIA

Hypatie est née à Alexandrie, en Égypte, dans une famille de philosophes et d'érudits. Elle a étudié les mathématiques, l'astronomie et la philosophie, et a enseigné ces matières à des étudiants de toutes origines, y compris des hommes.

Hypatie a défendu l'idée que la connaissance était accessible à tous, indépendamment de leur sexe ou de leur origine sociale. Elle a écrit plusieurs ouvrages sur les mathématiques et l'astronomie, mais malheureusement, la plupart ont été perdus au fil du temps.

Hypatie a également été une défenseure de la paix et de la tolérance religieuse dans une période de conflits religieux et politiques. Elle était connue pour son engagement en faveur de la raison et de la liberté de pensée, et elle a défendu les idéaux de la philosophie néoplatonicienne.

Malheureusement, Hypatie a été assassinée en 415 de notre ère par une foule d'extrémistes chrétiens qui l'ont accusée de propager des idées païennes. Son meurtre a été condamné par des intellectuels de l'époque, qui ont vu en elle une martyre de la liberté de pensée.

Aujourd'hui, Hypatie est célébrée comme une figure emblématique de la philosophie et de la science dans l'Antiquité. Elle est considérée comme une pionnière pour les femmes dans les domaines de la science, de la philosophie et de l'éducation, et son héritage a inspiré des générations de femmes qui ont suivi ses traces.

Philosophe, mathématicienne et astronome grecque qui a vécu au IVe siècle de notre ère.

INDIRA GANDHI

Helen Keller est née en 1880 en Alabama, aux États-Unis. Elle est devenue sourde et aveugle à l'âge de 19 mois à la suite d'une maladie. Malgré ses handicaps, elle a réussi à communiquer avec les autres grâce à l'aide de sa tutrice, Anne Sullivan. Anne a enseigné à Helen le langage des signes et a développé un système de communication tactile en tapant des lettres sur la paume de sa main.

Grâce à l'éducation d'Anne, Helen a pu poursuivre ses études et est devenue la première personne sourde et aveugle à obtenir un diplôme universitaire aux États-Unis. Elle a ensuite travaillé comme éducatrice et a milité pour les droits des personnes handicapées, en prônant notamment l'accès à l'éducation pour tous.

Helen Keller a également été une militante pour les droits des femmes et a participé à la fondation de la Ligue américaine pour la défense des droits et des intérêts des handicapés en 1920. Elle a écrit plusieurs livres sur sa vie et sa lutte pour l'égalité des personnes handicapées.

Helen Keller est devenue une icône de l'émancipation des personnes handicapées dans le monde entier. Elle a reçu de nombreuses distinctions, dont la Médaille présidentielle de la liberté, la plus haute distinction civile aux États-Unis. Son histoire est un exemple inspirant de courage et de persévérance face à l'adversité.

Éducatrice, conférencière et militante américaine qui a surmonté sa cécité et sa surdité pour devenir une figure emblématique de l'émancipation des personnes handicapées.

IRENA SENDLER

Irena Sendler est née en 1910 en Pologne. Pendant la guerre, elle travaillait comme assistante sociale dans le ghetto de Varsovie, où les nazis avaient enfermé la population juive de la ville. Horrifiée par les conditions de vie dans le ghetto et la persécution des Juifs, Irena a commencé à aider les familles juives en leur fournissant de la nourriture, des médicaments et de l'argent.

Mais elle savait que cela ne suffirait pas à sauver les enfants du ghetto. Alors, avec l'aide d'un réseau de collègues et d'amis, Irena a organisé un plan audacieux pour sauver des enfants juifs. Elle a commencé à les cacher dans des orphelinats, des couvents et des maisons de familles polonaises. Elle a falsifié des documents d'identité pour les enfants, leur donnant de nouveaux noms et des nouvelles vies.

Au risque de sa propre vie, Irena a continué à sauver des enfants juifs, en utilisant des tunnels, des portes secrètes et des sacs pour les faire sortir du ghetto. Elle a sauvé près de 2 500 enfants juifs, dont beaucoup étaient séparés de leurs parents, qui ont été assassinés dans les camps de concentration nazis.

En 1943, Irena a été arrêtée et torturée par la Gestapo. Mais elle a refusé de donner des informations sur ses collègues et les enfants juifs qu'elle avait sauvés. Elle a été condamnée à mort, mais ses amis et ses collègues ont réussi à la faire sortir de prison en la faisant passer pour morte.

Après la guerre, Irena a continué à aider les survivants de l'Holocauste et à militer pour la paix et la réconciliation. Elle est décédée en 2008, à l'âge de 98 ans. Aujourd'hui, Irena Sendler est célébrée comme une héroïne de la résistance et de la justice, une femme qui a risqué sa vie pour sauver les autres, et qui a montré que même dans les moments les plus sombres, l'espoir et la compassion peuvent triompher.

Héroïne polonaise qui a risqué sa vie pour sauver des milliers d'enfants juifs pendant la Seconde

JANE AUSTEN

Jane Austen est née en 1775 dans une famille de la classe moyenne en Angleterre. Elle a grandi entourée de livres et a commencé à écrire dès son plus jeune âge. Elle a publié son premier roman, "Raison et Sensibilité", en 1811, suivi de près par "Orgueil et Préjugés" en 1813.

Les romans de Jane Austen étaient différents de ceux de son époque, car ils se concentraient sur la vie des femmes et de la classe moyenne. Ses personnages féminins étaient des femmes fortes et intelligentes, qui cherchaient à trouver leur place dans une société qui ne leur permettait pas beaucoup de choix.

Bien que Jane Austen n'ait pas connu de grand succès de son vivant, elle est aujourd'hui considérée comme l'une des plus grandes écrivaines de l'histoire. Ses romans ont été adaptés en films, en séries télévisées et en pièces de théâtre, et ils sont toujours très populaires aujourd'hui.

Jane Austen a brisé les barrières de genre et de classe dans la littérature de son époque, et elle a inspiré de nombreuses femmes à poursuivre leur passion pour l'écriture et la lecture. Elle est une icône de la littérature anglaise et un exemple pour les femmes du monde entier qui cherchent à suivre leur propre voie dans la vie.

Auteure britannique qui a marqué l'histoire de la littérature et de la condition des femmes.

JANE GOODALL

Jane Goodall est née en 1934 en Angleterre et a grandi passionnée par les animaux et la nature. Elle a commencé à étudier les chimpanzés dans le parc national de Gombe en Tanzanie en 1960, où elle a fait des découvertes révolutionnaires sur leur comportement et leur société.

Jane Goodall a été la première personne à observer que les chimpanzés utilisaient des outils pour se nourrir, ce qui a remis en question la croyance répandue selon laquelle seuls les humains étaient capables de cette pratique. Elle a également découvert que les chimpanzés avaient des personnalités uniques et des relations sociales complexes.

Au fil des années, Jane Goodall a continué à étudier les chimpanzés et à défendre leur protection et leur conservation. Elle a créé l'Institut Jane Goodall, qui travaille à la préservation de la vie sauvage et de l'environnement, et elle a reçu de nombreuses récompenses pour son travail en faveur des droits des animaux.

Jane Goodall est un exemple pour les femmes du monde entier qui cherchent à poursuivre une carrière dans la science et la recherche. Elle a brisé les barrières de genre et de race dans son domaine et a montré que les femmes peuvent réussir dans des domaines traditionnellement dominés par les hommes.

Célèbre primatologue britannique qui a passé plus de 50 ans à étudier les chimpanzés en Afrique.

JEANNE D'ARC

Jeanne d'Arc est née en 1412 dans une famille paysanne française. Elle a grandi pendant la guerre de Cent Ans, un conflit entre la France et l'Angleterre qui a duré plus de cent ans. À l'âge de 13 ans, Jeanne a commencé à entendre des voix qui lui ont dit qu'elle devait sauver la France.

En 1429, à l'âge de 17 ans, Jeanne a convaincu le prince Charles de Valois, héritier du trône de France, de lui donner une armée pour combattre les Anglais. Elle a mené les troupes françaises à la victoire lors de la bataille d'Orléans, puis a conduit Charles VII à Reims pour être couronné roi de France.

Cependant, en 1430, Jeanne a été capturée par les Anglais et vendue aux Français. Elle a été accusée d'hérésie pour ses visions religieuses et a été jugée et condamnée à mort par le feu. Elle a été brûlée sur le bûcher en 1431, mais est devenue une figure emblématique de la résistance française et de la lutte pour la liberté.

Jeanne d'Arc est une icône de l'histoire française et une source d'inspiration pour les femmes du monde entier. Sa détermination et son courage ont fait d'elle une héroïne pour les générations futures, et son exemple montre que même les plus modestes peuvent accomplir des choses extraordinaires.

Héroïne française du Moyen Âge

J.K. ROWLING

J.K. Rowling est née en 1965 à Yate, une petite ville près de Bristol, en Angleterre. Elle a étudié à l'Université d'Exeter, où elle a obtenu un diplôme en français et en littérature.

Après avoir travaillé comme enseignante d'anglais à l'étranger, J.K. Rowling est retournée en Angleterre pour se concentrer sur l'écriture. Elle a commencé à travailler sur le premier livre de la série Harry Potter, "Harry Potter à l'école des sorciers", en 1990, et l'a publié en 1997.

La série Harry Potter est devenue un phénomène mondial, vendant plus de 500 millions de livres dans le monde entier. Les livres ont été adaptés en films, en jeux vidéo et en pièces de théâtre, et ont créé une communauté de fans passionnés.

J.K. Rowling est également connue pour son engagement en faveur de la philanthropie. Elle a fondé l'association caritative Lumos, qui vise à aider les enfants en difficulté à travers le monde, et a donné des millions de livres à des organisations caritatives.

J.K. Rowling est une figure importante dans la littérature pour enfants et jeunes adultes, et son histoire montre que même les idées les plus folles peuvent avoir un impact énorme sur le monde. Elle a inspiré des millions de jeunes lecteurs à croire en la magie et à poursuivre leurs rêves.

Auteure britannique célèbre pour sa série de livres "Harry Potter".

JOSEPHINE BAKER

Josephine Baker est née en 1906 à Saint-Louis, dans le Missouri. Elle a grandi dans la pauvreté et a commencé à travailler dès l'âge de huit ans. À 15 ans, elle a quitté l'école pour travailler comme danseuse et chanteuse à New York.

En 1925, Josephine Baker est partie pour la France, où elle a rapidement gagné en popularité en tant que danseuse exotique. Elle est devenue célèbre pour son style de danse unique et son charisme sur scène. Elle a également été la première femme noire à apparaître dans un film français.

Pendant la Seconde Guerre mondiale, Josephine Baker a rejoint la Résistance française en tant qu'espionne. Elle a utilisé sa notoriété pour recueillir des informations sur les nazis et a caché des résistants chez elle. Après la guerre, elle a été décorée pour son service envers la France.

Josephine Baker a également été une militante des droits civiques et a utilisé sa voix pour défendre les droits des Noirs américains. Elle a été une pionnière dans l'industrie du spectacle en France et a contribué à briser les barrières raciales et de genre.

Josephine Baker a été une artiste, une espionne, une militante et une icône culturelle. Elle a inspiré des générations de femmes à poursuivre leurs rêves, à briser les barrières et à se battre pour la justice. Sa contribution à la culture française et à la lutte pour les droits civiques ne sera jamais oubliée.

Artiste américaine devenue une icône de la culture française.

JULIA CHILD

Julia Child est née en 1912 à Pasadena, en Californie. Elle a étudié l'histoire de l'art et la littérature à l'Université de Californie, avant de travailler pour le service diplomatique américain pendant la Seconde Guerre mondiale.

En 1948, Julia Child a déménagé en France avec son mari et est tombée amoureuse de la cuisine française. Elle a commencé à suivre des cours de cuisine à Paris et est devenue une élève passionnée du chef français Max Bugnard. Avec ses deux amies, Simone Beck et Louisette Bertholle, Julia a écrit le célèbre livre de cuisine "Mastering the Art of French Cooking".

Le livre a été publié en 1961 et est rapidement devenu un best-seller. Julia Child a également animé une émission de télévision appelée "The French Chef", qui a été diffusée pendant plus de 10 ans. Elle a présenté la cuisine française de manière accessible et divertissante, et est devenue une personnalité télévisée appréciée.

Julia Child a inspiré des générations de chefs et de cuisiniers à travers le monde. Elle a montré qu'il était possible de faire de la cuisine un art accessible à tous, et a encouragé les gens à sortir de leur zone de confort culinaire. Sa passion pour la cuisine et sa personnalité chaleureuse ont fait d'elle une figure emblématique de la culture gastronomique.

Célèbre cheffe américaine qui a révolutionné la façon dont les Américains cuisinent et mangent

KATHERINE JOHNSON

Katherine Johnson est née en 1918 en Virginie-Occidentale. Elle a été douée en mathématiques dès son plus jeune âge et a rapidement développé ses compétences en calcul. Elle a été la première femme noire à intégrer le programme d'études supérieures de l'Université de Virginie-Occidentale en mathématiques.

En 1953, Katherine Johnson a été embauchée par la NASA pour travailler au Langley Research Center en Virginie. Elle a travaillé sur des calculs complexes pour les missions spatiales, notamment pour les trajectoires des premiers vols habités dans l'espace.

En 1961, Katherine Johnson a effectué des calculs cruciaux pour la mission de l'astronaute Alan Shepard, qui est devenu le premier Américain à voyager dans l'espace. Elle a également travaillé sur les calculs de la mission Apollo 11, qui a permis à Neil Armstrong et Buzz Aldrin de marcher sur la Lune en 1969.

Katherine Johnson a été un exemple de persévérance et de détermination dans un environnement dominé par les hommes et la discrimination raciale. Elle a surmonté de nombreux obstacles pour devenir l'une des meilleures mathématiciennes et ingénieures de son époque. Son travail a été essentiel pour l'exploration spatiale et elle a inspiré des générations de femmes à poursuivre des carrières en sciences, en technologie, en ingénierie et en mathématiques.

Mathématicienne et ingénieure américaine qui a joué un rôle crucial dans la mission
Apollo 11

LISE MEITNER

Lise Meitner est née en 1878 à Vienne, en Autriche. Elle a étudié la physique à l'Université de Vienne, où elle a obtenu son doctorat en 1906. Elle a ensuite travaillé avec le célèbre physicien Max Planck à Berlin, où elle a poursuivi ses recherches sur la radioactivité.

En 1938, Lise Meitner a fui l'Allemagne nazie et a émigré en Suède. C'est là qu'elle a commencé à travailler avec son collaborateur de longue date, Otto Hahn, sur des expériences visant à comprendre la structure des noyaux atomiques. Ensemble, ils ont découvert la fission nucléaire, qui a été le premier pas vers le développement de l'énergie nucléaire.

Cependant, malgré sa contribution cruciale à cette découverte, Lise Meitner a été exclue du prix Nobel de physique de 1944, qui a été décerné uniquement à Otto Hahn. Cela a été largement considéré comme une injustice, et des années plus tard, Lise Meitner a reçu de nombreux prix et distinctions pour son travail.

Lise Meitner était une pionnière dans un domaine dominé par les hommes et a surmonté de nombreux obstacles pour réaliser des découvertes importantes en physique nucléaire. Elle a inspiré des générations de femmes à poursuivre des carrières en sciences et en technologie, et elle est une figure importante de l'histoire de la physique moderne.

Physicienne autrichienne qui a joué un rôle crucial dans la découverte de la fission nucléaire.

LOUISA MAY ALCOTT

Louisa May Alcott est née en 1832 à Germantown, en Pennsylvanie, dans une famille d'écrivains. Elle a commencé à écrire dès son plus jeune âge, et à l'âge de 22 ans, elle a publié son premier roman, "Moods". Cependant, ce n'est qu'en 1868 que Louisa May Alcott a connu le succès avec la publication de "Les Quatre Filles du Docteur March", qui est rapidement devenu un classique de la littérature américaine.

Le roman raconte l'histoire de quatre soeurs, Meg, Jo, Beth et Amy, qui grandissent pendant la Guerre de Sécession aux États-Unis. Il est basé sur les expériences de l'auteur et de sa propre famille pendant cette période tumultueuse de l'histoire américaine.

En plus d'être une auteure talentueuse, Louisa May Alcott était également une militante passionnée pour les droits des femmes et l'abolition de l'esclavage. Elle a travaillé comme infirmière pendant la Guerre de Sécession et a été une partisane active du mouvement pour le droit de vote des femmes.

Louisa May Alcott a inspiré de nombreuses femmes avec son écriture et son militantisme. Elle est un exemple important de la façon dont les femmes peuvent utiliser leur voix et leur talent pour créer un impact positif sur le monde qui les entoure.

Auteure américaine célèbre pour son livre "Les Quatre Filles du docteur March"

LUCILLE BALL

Lucille Ball est née en 1911 à Jamestown, dans l'État de New York. Elle a commencé sa carrière à Hollywood comme actrice de cinéma, mais c'est à la télévision qu'elle a connu le succès avec sa propre émission, "I Love Lucy". Diffusée pour la première fois en 1951, "I Love Lucy" était une comédie innovante qui a attiré des millions de téléspectateurs. Lucille Ball y jouait le rôle de Lucy Ricardo, une femme maladroite et espiègle qui avait un don pour se mettre dans des situations ridicules.

Lucille Ball était non seulement une actrice talentueuse, mais aussi une femme d'affaires avisée. Elle a fondé sa propre société de production, Desilu Productions, avec son mari et partenaire d'affaires, Desi Arnaz. Ensemble, ils ont produit de nombreuses émissions de télévision à succès, notamment "The Dick Van Dyke Show" et "Star Trek".

Lucille Ball a également été une pionnière pour les femmes à la télévision. Elle était l'une des premières femmes à posséder et gérer une société de production, et elle a lutté pour que les femmes soient mieux représentées dans l'industrie du divertissement. Son influence sur le monde du spectacle continue de se faire sentir aujourd'hui, des décennies après la diffusion de "I Love Lucy".

Lucille Ball était une force créative et entrepreneuriale qui a brisé les barrières de genre dans l'industrie du divertissement. Elle a inspiré des générations de femmes à poursuivre des carrières dans les arts et les médias, et elle restera une icône de la culture populaire pour les années à venir.

Actrice américaine qui a révolutionné l'industrie du divertissement à la télévision.

MADAME CURIE

Madame Curie, de son vrai nom Marie Skłodowska, est née en 1867 à Varsovie, en Pologne. Elle a été élevée dans une famille de scientifiques et a développé un intérêt précoce pour les sciences. En 1891, elle est partie étudier à Paris, où elle a rencontré son futur mari, Pierre Curie. Ensemble, ils ont commencé à explorer le monde de la physique et de la chimie.

En 1898, Madame Curie et Pierre Curie ont découvert un nouvel élément chimique, le radium. Ils ont également développé une nouvelle théorie de la radioactivité, qui a transformé notre compréhension de la matière et de l'énergie. Pour leur travail révolutionnaire, ils ont reçu le prix Nobel de physique en 1903.

Après la mort de Pierre Curie en 1906, Madame Curie a continué ses recherches sur la radioactivité. En 1911, elle a reçu un deuxième prix Nobel, cette fois en chimie, pour sa découverte de deux nouveaux éléments chimiques, le polonium et le radium. Elle est ainsi devenue la première personne à recevoir deux prix Nobel dans des domaines scientifiques différents.

Madame Curie a également été une pionnière pour les femmes dans les sciences. En tant que femme dans un domaine dominé par les hommes, elle a fait face à de nombreux obstacles et discriminations. Malgré cela, elle a continué à poursuivre ses recherches et a inspiré des générations de femmes à s'engager dans les sciences.

Madame Curie était une scientifique de génie dont les découvertes ont révolutionné notre compréhension de la physique et de la chimie. Elle a également été une pionnière pour les femmes dans les sciences et une source d'inspiration pour les personnes du monde entier.

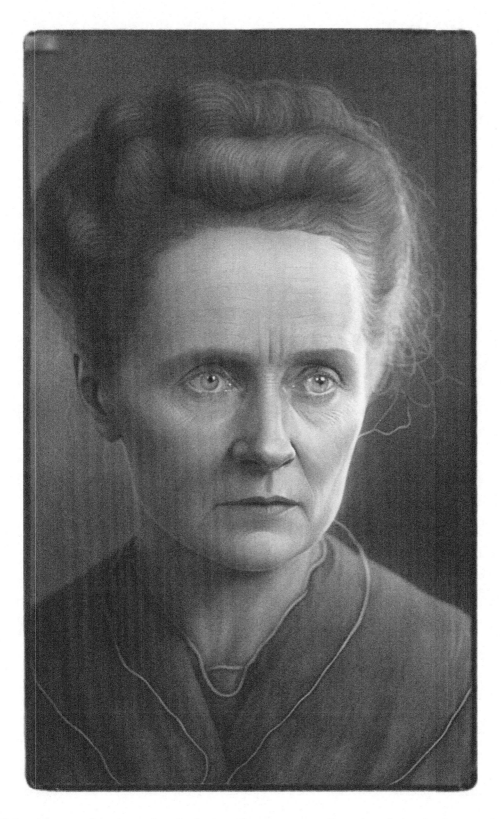

Scientifique polonaise qui a révolutionné notre compréhension de la physique et de la chimie.

MAE JEMISON

Mae Jemison est née en 1956 à Decatur, en Alabama, aux États-Unis. Elle a grandi à Chicago et a développé un intérêt précoce pour la science et l'espace. Elle a étudié l'ingénierie chimique à l'université Stanford, puis a obtenu un doctorat en médecine à l'université Cornell.

En 1987, Mae Jemison a été sélectionnée par la NASA pour devenir astronaute. En 1992, elle a embarqué à bord de la navette spatiale Endeavour pour sa première mission dans l'espace, devenant ainsi la première femme noire à voyager dans l'espace.

Pendant sa carrière à la NASA, Mae Jemison a également mené des recherches sur la médecine spatiale et la vision de l'espace. Elle a quitté la NASA en 1993 pour poursuivre d'autres projets, notamment dans l'éducation scientifique et la promotion de la diversité dans les sciences.

Mae Jemison a été une pionnière pour les femmes et les minorités dans les sciences et l'exploration spatiale. Elle a inspiré de nombreuses personnes à poursuivre leurs rêves, quelles que soient les barrières qu'elles peuvent rencontrer. Son parcours est une preuve que rien n'est impossible si l'on a la détermination, la persévérance et la passion pour ce que l'on fait.

Première femme noire à voyager dans l'espace.

MALALA YOUSAFZAI

Née en 1997 dans la vallée de Swat, au Pakistan, Malala Yousafzai a été élevée par des parents éduqués qui l'ont encouragée à poursuivre ses études. À l'âge de 11 ans, elle a commencé à écrire un blog pour la BBC sous un pseudonyme, où elle a raconté sa vie sous le régime taliban qui avait interdit l'éducation des filles dans la région.

En 2012, alors qu'elle avait 15 ans, Malala a été victime d'une tentative d'assassinat par les talibans pour avoir défendu l'éducation des filles. Après avoir survécu à ses blessures, elle a continué à défendre cette cause à travers le monde, devenant une voix importante pour les droits des filles à l'éducation.

En reconnaissance de son travail, Malala a reçu de nombreuses récompenses, notamment le Prix Nobel de la paix en 2014, devenant ainsi la plus jeune lauréate de l'histoire du prix. Elle a également créé la fondation Malala pour promouvoir l'éducation des filles dans le monde entier.

Malala Yousafzai est une source d'inspiration pour les jeunes filles et les femmes du monde entier. Son courage et sa détermination à poursuivre sa cause, malgré les obstacles et les menaces, sont un exemple de la puissance de la voix individuelle pour créer un changement positif dans le monde.

Militante pakistanaise pour l'éducation des filles.

MARGARET THATCHER

Née en 1925 à Grantham, en Angleterre, Margaret Thatcher a été élevée dans une famille modeste et a obtenu une bourse pour étudier à l'Université d'Oxford. Après avoir travaillé comme chercheuse en chimie, elle a décidé de se lancer en politique et a été élue députée en 1959.

Margaret Thatcher a rapidement gravi les échelons du Parti conservateur britannique, devenant leader de l'opposition en 1975 et remportant finalement les élections générales de 1979 pour devenir la première femme Premier ministre du Royaume-Uni.

Au cours de son mandat, Thatcher a mis en œuvre des politiques économiques radicales, connues sous le nom de "Thatchérisme", qui ont conduit à des changements importants dans l'économie et la société britanniques. Elle a également été une figure controversée en raison de ses politiques de privatisation et de ses relations internationales, notamment avec les États-Unis et l'Union soviétique.

Malgré ses critiques, Margaret Thatcher a été une pionnière pour les femmes en politique et a ouvert la voie à d'autres femmes pour occuper des postes de pouvoir dans le monde entier. Elle a également été une figure influente dans l'histoire britannique et a façonné l'avenir de son pays d'une manière qui est encore ressentie aujourd'hui.

Première femme à occuper le poste de Premier ministre du Royaume-Uni.

MARILYN MONROE

Marilyn Monroe est née en 1926 en Californie. Elle a grandi dans des foyers d'accueil et a eu une enfance difficile. Malgré cela, elle est devenue une actrice et une icône de la culture populaire.

Marilyn a travaillé dur pour réussir dans l'industrie du cinéma et elle a finalement obtenu son premier grand rôle dans le film "Niagara" en 1953. Elle a ensuite joué dans des films tels que "Les hommes préfèrent les blondes" et "Certains l'aiment chaud", devenant l'une des actrices les plus célèbres de son époque.

Marilyn a également été une militante pour les droits des femmes et a utilisé sa célébrité pour aider à promouvoir la cause. Elle a déclaré un jour: "Je ne suis pas une féministe, mais je crois aux droits des femmes".

Marilyn a également été une inspiration pour de nombreuses femmes en raison de sa confiance en elle et de sa capacité à surmonter les obstacles. Elle a déclaré: "Nous devons tous travailler pour atteindre nos objectifs, sans tenir compte de ce que les autres pensent de nous".

Malgré sa mort prématurée en 1962, Marilyn Monroe a laissé une marque indélébile sur le monde de la culture populaire et de la lutte pour les droits des femmes. Elle est un exemple de force, de détermination et de résilience pour toutes les filles rebelles qui cherchent à réaliser leurs rêves.

femme iconique qui a changé l'industrie cinématographique et est devenue un symbole
de la féminité

MARY ANNING

Mary Anning est née en 1799 dans le sud-ouest de l'Angleterre, à Lyme Regis, une région célèbre pour ses falaises fossilifères. Enfant, elle passait de nombreuses heures à chercher des fossiles sur la plage, aidant sa famille à compléter leur revenu en vendant les fossiles qu'elle trouvait.

À l'âge de 12 ans, Mary a fait sa première grande découverte : le squelette complet d'un ichthyosaure, un reptile marin préhistorique. Cette découverte a attiré l'attention des scientifiques locaux et a lancé la carrière de Mary en tant que paléontologue.

Au cours des années suivantes, Mary a fait de nombreuses autres découvertes importantes, notamment le premier squelette complet d'un plésiosaure, un autre reptile marin préhistorique, ainsi que des fossiles de poissons, de dinosaures et d'autres créatures préhistoriques.

Cependant, en tant que femme dans un domaine scientifique dominé par les hommes, Mary a souvent été ignorée ou sous-estimée. Elle a dû se battre pour être reconnue comme une experte dans son domaine et a été confrontée à de nombreux obstacles en raison de son sexe et de son statut social.

Malgré cela, Mary a continué à travailler avec acharnement et à faire des découvertes importantes jusqu'à sa mort prématurée en 1847. Ses contributions ont été largement reconnues après sa mort, et elle est aujourd'hui considérée comme l'une des plus grandes paléontologues de l'histoire.

Mary Anning a été une pionnière pour les femmes dans les sciences et a repoussé les limites de notre compréhension de l'histoire de la Terre. Elle est une source d'inspiration pour les scientifiques et les explorateurs du monde entier.

Paléontologue anglaise dont les découvertes ont révolutionné notre compréhension de l'histoire de la Terre

MARY MCLEOD BETHUNE

MaMary McLeod Bethune est née en 1875 en Caroline du Sud, aux États-Unis, dans une famille pauvre d'anciens esclaves. Malgré des débuts modestes, elle a poursuivi ses études et a obtenu son diplôme universitaire en 1895. Elle est ensuite devenue enseignante dans une école pour enfants afro-américains en Floride.

Mais Mary a rapidement réalisé que les écoles pour enfants noirs étaient sous-financées et ne recevaient pas les mêmes ressources que les écoles pour enfants blancs. Elle a donc décidé de fonder sa propre école, la Daytona Normal and Industrial Institute for Negro Girls, qui a ouvert ses portes en 1904. Mary a travaillé sans relâche pour obtenir des fonds pour son école et a finalement réussi à en faire une institution florissante.

Au fil des ans, Mary est devenue une militante pour les droits des Afro-Américains et a été impliquée dans de nombreuses organisations de défense des droits civiques. Elle a notamment été conseillère du président Franklin D. Roosevelt et a joué un rôle clé dans la création de la National Youth Administration, qui a aidé les jeunes à trouver du travail pendant la Grande Dépression.

Mary McLeod Bethune est également connue pour sa célèbre phrase : "Je suis mes soeurs et mes frères gardienne, de leur héritage et de leur destinée", qui reflète son engagement envers la solidarité et l'émancipation des Afro-Américains.

Mary McLeod Bethune a été une pionnière pour l'éducation des Afro-Américains et une défenseure des droits civiques. Elle a montré que, malgré des débuts modestes, il est possible de réaliser de grandes choses grâce à la persévérance et à l'engagement. Elle est un modèle pour les femmes et les hommes qui cherchent à apporter des changements positifs dans le monde.

Éducatrice et militante pour les droits des Afro-Américains.

MARY SHELLEY

Mary Shelley est née en 1797 à Londres, en Angleterre, dans une famille d'écrivains et de penseurs radicaux. Elle a eu une éducation informelle, mais elle a développé très tôt un amour pour la lecture et l'écriture.

À l'âge de 16 ans, Mary Shelley a rencontré le poète romantique Percy Bysshe Shelley, qui est devenu son mari. Ensemble, ils ont voyagé en Europe et ont rencontré d'autres écrivains et penseurs radicaux. Pendant ce temps, Mary a commencé à travailler sur son premier roman, "Frankenstein", qui a été publié en 1818.

Le roman "Frankenstein" est devenu un classique de la littérature gothique et de la science-fiction. Il raconte l'histoire d'un scientifique qui crée une créature vivante à partir de pièces détachées, mais qui ne parvient pas à la contrôler. Le roman est également considéré comme une critique de la science et de la technologie, ainsi que de la société patriarcale de l'époque.

Mary Shelley a continué à écrire des romans, des nouvelles et des essais tout au long de sa vie, explorant des thèmes tels que la justice sociale, l'égalité des sexes et la liberté individuelle. Elle a également été une mère aimante et une figure importante dans la vie de sa famille et de ses amis.

Mary Shelley a été une écrivaine visionnaire et une pionnière dans le genre de la science-fiction. Elle a ouvert la voie à de nombreuses écrivaines et écrivains qui ont suivi, en montrant que la littérature peut être un moyen puissant de critiquer la société et d'explorer de nouveaux horizons.

Écrivaine anglaise qui a créé un chef-d'œuvre de la littérature gothique : Frankenstein

MAYA ANGELOU

Maya Angelou est née en 1928 à St. Louis, dans le Missouri. Elle a grandi en Arkansas et a été élevée par sa grand-mère après avoir été séparée de sa mère à un jeune âge. Pendant son enfance, Maya a fait face à de nombreuses difficultés, notamment le racisme et la discrimination.

Cependant, elle a également été inspirée par les histoires que lui racontait sa grand-mère et par la lecture de poètes tels que Shakespeare et Edgar Allan Poe. À l'âge de 16 ans, Maya a eu son premier enfant et a commencé à travailler comme conductrice de tramway. Elle a ensuite vécu dans différents endroits à travers les États-Unis, travaillant comme danseuse, actrice et chanteuse.

Au fil des ans, Maya a développé une passion pour l'écriture et la poésie, publiant plusieurs livres de poèmes, des mémoires et des romans. Elle a également été une militante active pour les droits civiques, travaillant aux côtés de leaders tels que Martin Luther King Jr. et Malcolm X.

L'une des œuvres les plus connues de Maya Angelou est son livre autobiographique "I Know Why the Caged Bird Sings", qui raconte son enfance et sa jeunesse. Le livre a été un succès critique et commercial et a établi Maya comme l'une des écrivaines les plus importantes de son temps.

Maya Angelou a continué à écrire et à militer tout au long de sa vie, devenant une voix importante pour les droits des femmes, des personnes de couleur et des personnes marginalisées. Elle est décédée en 2014, laissant derrière elle un héritage de poésie, d'écriture et d'activisme qui a inspiré des générations de femmes rebelles à travers le monde.

Poète, écrivaine et militante américaine.

MÈRE TERESA

Mère Teresa est née en 1910 à Skopje, qui faisait alors partie de l'Empire ottoman (aujourd'hui en Macédoine du Nord). Elle a rejoint les Sœurs de Loreto à l'âge de 18 ans et a été envoyée en Inde pour y enseigner. C'est là qu'elle a commencé à travailler avec les pauvres et les malades dans les bidonvilles de Calcutta.

En 1950, Mère Teresa a fondé les Missionnaires de la Charité, une organisation qui se consacre à aider les plus démunis et les plus vulnérables de la société, en particulier les malades, les mourants et les enfants abandonnés. Les membres de l'organisation ont pris le voeu de pauvreté, de chasteté et d'obéissance, et ont travaillé dans des conditions difficiles pour aider ceux qui en avaient besoin.

Le travail de Mère Teresa a été salué dans le monde entier et elle a reçu de nombreux prix pour ses réalisations, notamment le Prix Nobel de la paix en 1979. Cependant, elle a également été critiquée pour ses positions conservatrices sur les questions de contraception et d'avortement.

Mère Teresa est décédée en 1997, mais son travail a continué grâce aux Missionnaires de la Charité, qui sont maintenant présents dans plus de 130 pays. Sa vie a été un exemple d'altruisme et de dévouement envers les plus démunis, et elle a inspiré de nombreuses personnes à travers le monde à faire le bien et à aider ceux qui sont dans le besoin.

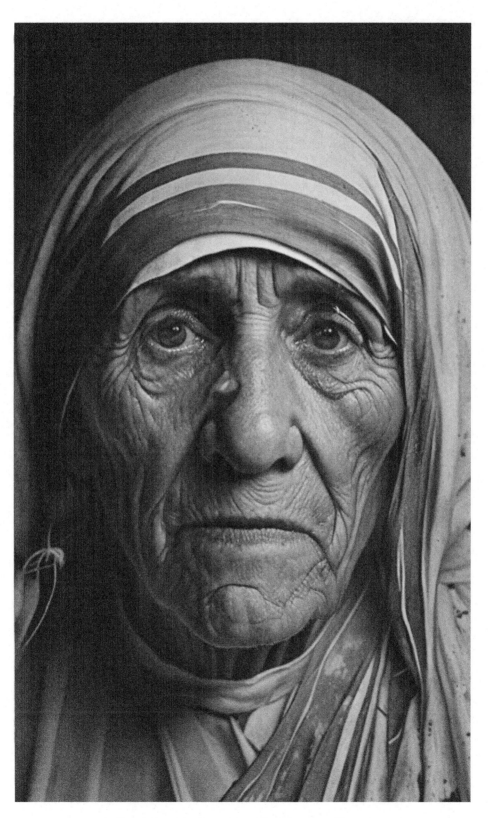

Religieuse catholique et philanthrope albanaise.

NANCY PELOSI

Nancy Pelosi est née à Baltimore, Maryland, en 1940. Elle a grandi dans une famille catholique italo-américaine engagée politiquement et a toujours été intéressée par la politique. Elle a étudié à l'Université de Trinity à Washington, DC, et a obtenu un diplôme en sciences politiques.

En 1987, Pelosi a été élue à la Chambre des représentants des États-Unis, représentant le 5e district de Californie. Elle a rapidement gagné en importance au sein du parti démocrate et est devenue la première femme à être élue présidente de la Chambre des représentants en 2007.

Au cours de sa carrière politique, Pelosi a été une voix forte pour les droits des femmes, la protection de l'environnement, l'expansion de l'assurance maladie et la lutte contre la pauvreté. Elle a également travaillé pour faire progresser les droits des LGBT, l'éducation et la recherche scientifique.

Pelosi a été une figure controversée en politique, mais elle a toujours été connue pour son leadership fort et sa capacité à rassembler les gens pour travailler vers des objectifs communs. Elle a reçu de nombreux prix et distinctions pour son travail, notamment le prix du Leadership de la Fondation Nationale des Femmes en 1992.

Aujourd'hui, Nancy Pelosi est toujours active en politique et continue à se battre pour les droits des femmes, l'égalité, la justice sociale et l'environnement. Elle est une source d'inspiration pour de nombreuses femmes et jeunes filles qui aspirent à faire une différence dans le monde de la politique.

Femme politique américaine et la première femme à être élue présidente de la Chambre des représentants des États-Unis.

NELLIE BLY

Nancy Pelosi est née à Baltimore, Maryland, en 1940. Elle a grandi dans une famille catholique italo-américaine engagée politiquement et a toujours été intéressée par la politique. Elle a étudié à l'Université de Trinity à Washington, DC, et a obtenu un diplôme en sciences politiques.

En 1987, Pelosi a été élue à la Chambre des représentants des États-Unis, représentant le 5e district de Californie. Elle a rapidement gagné en importance au sein du parti démocrate et est devenue la première femme à être élue présidente de la Chambre des représentants en 2007.

Au cours de sa carrière politique, Pelosi a été une voix forte pour les droits des femmes, la protection de l'environnement, l'expansion de l'assurance maladie et la lutte contre la pauvreté. Elle a également travaillé pour faire progresser les droits des LGBT, l'éducation et la recherche scientifique.

Pelosi a été une figure controversée en politique, mais elle a toujours été connue pour son leadership fort et sa capacité à rassembler les gens pour travailler vers des objectifs communs. Elle a reçu de nombreux prix et distinctions pour son travail, notamment le prix du Leadership de la Fondation Nationale des Femmes en 1992.

Aujourd'hui, Nancy Pelosi est toujours active en politique et continue à se battre pour les droits des femmes, l'égalité, la justice sociale et l'environnement. Elle est une source d'inspiration pour de nombreuses femmes et jeunes filles qui aspirent à faire une différence dans le monde de la politique.

Journaliste américaine connue pour son travail d'investigation et son voyage autour du monde en 72 jours.

OPRAH WINFREY

Oprah Winfrey est née en 1954 à Kosciusko, dans le Mississippi, et a grandi dans la pauvreté. Elle a commencé sa carrière à l'âge de 19 ans en tant que présentatrice de nouvelles à Nashville, dans le Tennessee, avant de déménager à Baltimore pour coanimer une émission de talk-show.

En 1986, Winfrey a commencé à animer son propre talk-show, "The Oprah Winfrey Show", qui a connu un immense succès et est devenu l'un des programmes de télévision les plus regardés de l'histoire. Winfrey a utilisé sa plateforme pour aborder des sujets tels que la santé, l'autonomisation des femmes, la justice sociale et l'éducation.

En plus de son travail en tant qu'animatrice de télévision, Winfrey est également une philanthrope active, ayant créé la Fondation Oprah Winfrey, qui soutient l'éducation des filles et des femmes à travers le monde. Elle a également été une militante pour les droits des minorités, notamment en soutenant le mouvement Black Lives Matter.

Winfrey est également une actrice accomplie, ayant remporté un Golden Globe pour son rôle dans le film "La Couleur pourpre" en 1985, et une nomination aux Oscars pour son rôle dans "La Vie immortelle d'Henrietta Lacks" en 2017.

En plus de sa carrière professionnelle réussie, Winfrey est également un exemple de résilience personnelle, ayant surmonté des traumatismes de son enfance, notamment des abus sexuels et des pertes familiales, pour devenir l'une des femmes les plus influentes du monde.

Oprah Winfrey a inspiré des millions de femmes et de personnes de couleur à travers le monde à poursuivre leurs rêves et à se battre pour l'égalité des chances. Elle est une voix puissante pour le changement et un exemple vivant de ce que l'on peut accomplir grâce à la persévérance, la détermination et la foi en soi.

Animatrice de télévision, productrice, actrice et philanthrope américaine connue pour son influence et son engagement en faveur de l'autonomisation des femmes et des minorités.

PEARL S. BUCK

Pearl S. Buck était une romancière américaine, née en 1892 en Virginie-Occidentale. Elle a passé la plupart de son enfance en Chine, où ses parents étaient missionnaires.

Lorsqu'elle est revenue aux États-Unis pour faire des études supérieures, Pearl a été confrontée à une culture très différente de celle qu'elle avait connue en Chine. Elle s'est rendu compte que de nombreux Américains ne comprenaient pas la culture chinoise, ni les difficultés auxquelles les Chinois étaient confrontés.

Cela a inspiré Pearl à écrire des livres sur la vie en Chine, y compris son roman le plus célèbre, "La Terre chinoise", qui a remporté le prix Pulitzer en 1932. Elle a également écrit des livres sur la vie en Inde, où elle a vécu pendant plusieurs années.

Mais Pearl ne s'est pas contentée d'écrire des livres. Elle a également été une militante pour les droits des femmes et des minorités. Elle a fondé l'association "Bienvenue en Chine", qui aidait les Chinois à s'installer aux États-Unis. Elle a également fondé l'association "L'Alliance pour la paix", qui encourageait la paix entre les pays.

En 1938, Pearl a été la première femme américaine à remporter le prix Nobel de littérature. Elle a été saluée pour son travail qui a aidé à rapprocher les cultures et à promouvoir la compréhension entre les peuples.

Pearl S. Buck a consacré sa vie à écrire des livres et à défendre les droits des autres. Elle est un exemple pour tous ceux qui cherchent à comprendre et à aider les gens de cultures différentes.

Écrivaine américaine qui a utilisé sa plume pour dénoncer les injustices sociales et promouvoir l'égalité.

LA REINE ELIZABETH I

Elizabeth naît en 1533, fille du roi Henry VIII et de sa deuxième épouse Anne Boleyn. Sa mère est exécutée alors qu'elle n'a que deux ans et demi, et Elizabeth est déclarée illégitime et exclue de la ligne de succession au trône.

Malgré cela, Elizabeth reçoit une excellente éducation et est passionnée par l'étude des langues, de la littérature et de la politique. Après la mort de sa demi-sœur Mary I en 1558, Elizabeth accède finalement au trône à l'âge de 25 ans.

En tant que reine, Elizabeth doit faire face à de nombreux défis, notamment en ce qui concerne sa religion (elle est protestante dans un pays majoritairement catholique) et les tensions politiques avec d'autres puissances européennes, telles que l'Espagne.

Cependant, Elizabeth est une dirigeante intelligente et énergique, et elle est rapidement devenue l'une des figures les plus importantes et les plus aimées de l'histoire anglaise. Elle est connue pour sa capacité à inspirer ses sujets, sa tolérance religieuse, sa défense de la culture et de la littérature, ainsi que sa résilience face aux nombreuses crises qu'elle a dû affronter au cours de son règne.

En fin de compte, Elizabeth est restée célibataire et sans enfants, mais elle a réussi à transformer l'Angleterre en une grande puissance mondiale et à établir un héritage durable en tant que figure emblématique de la Renaissance anglaise.

L'une des figures les plus marquantes de l'histoire de l'Angleterre.

RACHEL CARSON

Rachel naît en 1907 à Springdale, en Pennsylvanie. Elle est fascinée par la nature depuis son plus jeune âge et passe beaucoup de temps à explorer la campagne environnante. Elle étudie la biologie marine à l'université Johns Hopkins et obtient un doctorat en zoologie en 1932.

Après avoir travaillé pour le gouvernement fédéral, Rachel se consacre à l'écriture et publie son premier livre, "Sous la mer du Maine", en 1941. Elle connaît un grand succès avec son livre "Printemps silencieux", publié en 1962, qui dénonce les effets néfastes des pesticides sur l'environnement et la santé humaine.

Rachel est confrontée à des critiques et à des attaques de la part de l'industrie chimique et de certains politiciens, mais elle ne se laisse pas décourager. Elle continue de militer pour la protection de l'environnement jusqu'à sa mort en 1964.

Rachel Carson est devenue une icône du mouvement écologique et a inspiré de nombreuses personnes à se mobiliser pour la protection de la nature et de la biodiversité.

Biologiste et écrivaine américaine dont le travail a inspiré le mouvement environnemental moderne.

ROSA PARKS

Rosa naît en 1913 en Alabama. Elle grandit dans une famille qui lui apprend l'importance de la dignité et de la résistance face à l'injustice. En 1955, elle travaille comme couturière et fait souvent la navette en bus entre son domicile et son travail.

Un jour, en rentrant chez elle dans un bus, Rosa refuse de céder sa place à un passager blanc, ce qui était obligatoire à l'époque en vertu des lois ségrégationnistes en vigueur dans le sud des États-Unis. Elle est arrêtée et condamnée pour violation des lois sur la ségrégation.

Son arrestation provoque un mouvement de protestation, mené notamment par Martin Luther King Jr., et conduit à la décision historique de la Cour suprême des États-Unis, qui déclare inconstitutionnelle la ségrégation dans les transports en commun.

Rosa Parks devient une figure emblématique de la lutte pour les droits civiques et continue de militer pour la justice sociale jusqu'à sa mort en 2005. Elle a inspiré de nombreuses personnes à se battre pour l'égalité et la dignité humaine, et son nom est aujourd'hui synonyme de courage et de résistance pacifique.

Militante pour les droits civiques qui a refusé de céder sa place à un homme blanc dans un bus de Montgomery, en Alabama, en 1955, ce qui a lancé le mouvement pour les droits civiques aux États-Unis.

RUTH BADER GINSBURG

Ruth naît en 1933 à Brooklyn, New York. Malgré des difficultés financières dans sa famille, elle poursuit des études brillantes et obtient un diplôme en droit de l'université de Columbia en 1959, l'une des rares femmes de sa promotion. Elle est ensuite rejetée par de nombreux cabinets d'avocats en raison de son sexe, mais elle trouve finalement un poste dans un cabinet qui défend les droits des femmes.

En 1972, Ruth cofonde la section sur les droits des femmes de l'American Civil Liberties Union (ACLU) et travaille sur de nombreuses affaires qui remettent en question la discrimination fondée sur le sexe. En 1993, elle est nommée juge à la Cour suprême des États-Unis par le président Bill Clinton, devenant la deuxième femme à siéger à la Cour suprême.

Au cours de sa carrière, Ruth Bader Ginsburg est devenue une figure emblématique de la défense des droits des femmes et de l'égalité des sexes. Elle a voté en faveur de nombreuses décisions historiques, notamment celle qui a permis aux femmes d'avoir accès à des avortements sûrs et légaux, ainsi que celles qui ont permis d'étendre les droits des personnes LGBT+.

Ruth Bader Ginsburg est décédée en 2020, mais son héritage et son dévouement pour la justice et l'égalité des sexes continuent d'inspirer les personnes du monde entier à se battre pour un monde plus juste et équitable.

Avocate et juge américaine qui a consacré sa vie à la défense des droits des femmes et de l'égalité des sexes.

SALLY RIDE

Sally Ride était une physicienne et astronaute américaine. Elle est née en 1951 en Californie et a été élevée dans une famille passionnée par la science. Elle a étudié la physique et l'anglais à l'université de Stanford, où elle a obtenu un diplôme de premier cycle et une maîtrise. Elle a ensuite obtenu un doctorat en physique à l'université de Californie à Los Angeles.

En 1978, Sally Ride a répondu à une annonce de la NASA cherchant des astronautes pour une mission à bord de la navette spatiale. Elle a été l'une des 35 personnes choisies parmi plus de 8 000 candidats. En 1983, elle a fait son premier vol spatial à bord de la navette Challenger, devenant ainsi la première femme américaine dans l'espace.

Sally Ride a effectué un deuxième vol spatial en 1984, avant de quitter la NASA en 1987. Elle a ensuite travaillé comme professeur de physique à l'université de Californie à San Diego et a fondé une entreprise de divertissement éducatif pour encourager les jeunes, en particulier les filles, à s'intéresser aux sciences et à la technologie.

En plus de ses réalisations en tant qu'astronaute, Sally Ride a également été reconnue pour son travail en tant que scientifique et éducatrice. Elle a été honorée par de nombreuses organisations, notamment la National Women's Hall of Fame et la Médaille présidentielle de la Liberté, la plus haute distinction civile aux États-Unis.

Sally Ride est décédée en 2012 d'un cancer du pancréas. Cependant, son héritage en tant que pionnière dans l'espace et modèle pour les jeunes filles intéressées par les sciences et la technologie se poursuit.

La première Américaine à voyager dans l'espace.

SANDRA DAY O'CONNOR

Sandra Day O'Connor est née en 1930 à El Paso, au Texas. Elle est la première femme à avoir été nommée juge à la Cour suprême des États-Unis. Sandra a grandi dans un ranch en Arizona, où elle a appris à monter à cheval et à travailler dur. Elle a obtenu son diplôme de droit à l'université de Stanford en 1952, une époque où très peu de femmes poursuivaient des études en droit.

Après avoir travaillé comme avocate pendant plusieurs années, Sandra Day O'Connor a été nommée juge à la Cour d'appel de l'Arizona en 1975. En 1981, le président Ronald Reagan l'a nommée à la Cour suprême des États-Unis, ce qui a fait d'elle la première femme à siéger à la plus haute cour du pays.

Pendant ses années à la Cour suprême, Sandra Day O'Connor a été connue pour ses prises de position modérées et pour son engagement en faveur des droits des femmes et des minorités. Elle a travaillé sans relâche pour garantir l'égalité des chances pour tous les Américains, quelle que soit leur origine ou leur sexe.

Sandra Day O'Connor a pris sa retraite de la Cour suprême en 2006, mais elle reste une inspiration pour les femmes du monde entier. Elle a prouvé que les femmes peuvent réussir dans tous les domaines, même ceux qui étaient traditionnellement réservés aux hommes. Grâce à sa détermination et à son engagement en faveur de la justice, Sandra Day O'Connor a laissé une marque indélébile sur l'histoire des États-Unis.

Première femme à avoir été nommée juge à la Cour suprême des États-Unis

SARAH BREEDLOVE (MADAM C.J. WALKER)

Née en 1867 dans une famille pauvre de Louisiane, Sarah a travaillé dès son plus jeune âge pour aider à subvenir aux besoins de sa famille. Elle a connu des difficultés dès le début de sa vie, perdant sa mère à l'âge de 7 ans et se mariant à l'âge de 14 ans. Malgré ces obstacles, elle a toujours été déterminée à réussir.

À l'âge de 37 ans, Sarah a commencé à perdre ses cheveux. Elle a essayé de nombreux produits, mais aucun d'entre eux ne semblait fonctionner. Finalement, elle a créé sa propre formule de produits capillaires pour les femmes noires. Elle a vendu ces produits en personne et par correspondance, en se concentrant sur la publicité et le marketing pour promouvoir son entreprise.

Son entreprise, la Madam C.J. Walker Manufacturing Company, est rapidement devenue un succès. Sarah a embauché d'autres femmes noires pour vendre ses produits et leur a donné la formation et les compétences dont elles avaient besoin pour réussir. Elle a également donné de l'argent à des causes qui lui tenaient à cœur, comme la lutte contre la discrimination raciale et l'éducation.

Sarah est devenue la première femme noire millionnaire grâce à son entreprise. Elle est également devenue une militante pour les droits des femmes et des noirs, et a été reconnue pour son travail en tant que philanthrope. Sarah Breedlove, alias Madam C.J. Walker, est un exemple inspirant de persévérance et de réussite.

La première femme noire à devenir millionnaire aux États-Unis

SERENA WILLIAMS

Serena est née en 1981 à Saginaw, dans le Michigan, aux États-Unis. Elle a commencé à jouer au tennis dès l'âge de trois ans, encouragée par sa mère, elle-même ancienne joueuse de tennis. À l'âge de neuf ans, Serena et sa famille ont déménagé en Floride pour lui permettre de s'entraîner avec un entraîneur de renom.

En 1999, à l'âge de 17 ans, Serena a remporté son premier titre du Grand Chelem en simple à l'US Open. Elle a ensuite remporté de nombreux autres titres, notamment à Wimbledon, à l'Open d'Australie et à Roland-Garros. Elle a également remporté de nombreux titres en double avec sa sœur aînée Venus Williams.

Mais Serena est bien plus qu'une simple joueuse de tennis. Elle est aussi une entrepreneure, une philanthrope et une défenseure des droits des femmes et des minorités. En 2016, elle a créé sa propre entreprise de produits de beauté pour les femmes de couleur, appelée "S by Serena". Elle est également très impliquée dans des causes sociales, notamment la lutte contre les inégalités raciales et les violences policières.

Malgré les obstacles et les discriminations qu'elle a dû surmonter tout au long de sa carrière, Serena est restée fidèle à elle-même et a continué à se battre pour ses convictions. Elle est un modèle pour les jeunes filles du monde entier qui rêvent de réaliser leurs rêves, peu importe les obstacles qui se dressent sur leur chemin.

L'une des plus grandes joueuses de tennis de tous les temps.

SIMONE BILES

Simone Biles est née en 1997 à Columbus, dans l'Ohio. Elle était la troisième des quatre enfants de ses parents, qui ont eu des difficultés à s'occuper d'eux en raison de problèmes de drogue et d'alcoolisme.

À l'âge de six ans, Simone a commencé à pratiquer la gymnastique. Elle a rapidement montré un talent exceptionnel pour le sport et a commencé à s'entraîner à temps plein. À l'âge de 14 ans, elle a été sélectionnée pour faire partie de l'équipe nationale américaine de gymnastique.

En 2016, Simone a participé aux Jeux olympiques d'été de Rio de Janeiro, remportant quatre médailles d'or et une médaille de bronze. Elle a été saluée comme l'une des plus grandes gymnastes de tous les temps.

Mais Simone ne s'est pas arrêtée là. Elle a continué à travailler dur et à s'entraîner, repoussant sans cesse ses limites et défiant les attentes des autres. En 2018, elle a remporté son quatrième titre mondial consécutif au concours général individuel, une réalisation incroyable.

En 2021, Simone a participé aux Jeux olympiques d'été de Tokyo, où elle a remporté deux médailles de bronze et une médaille d'argent. Mais elle a également été saluée pour son courage et sa détermination après avoir retiré sa participation à plusieurs épreuves en raison de problèmes de santé mentale. En faisant cela, elle a montré au monde que prendre soin de soi est une priorité, même lorsqu'on est une athlète de haut niveau.

L'une des plus grandes joueuses de tennis de tous les temps.

SOJOURNER TRUTH

Sojourner Truth est née esclave en 1797 dans l'État de New York. Elle a été vendue plusieurs fois avant de s'échapper en 1826 avec son nouveau-né. Elle a ensuite poursuivi en justice son ancien propriétaire pour récupérer son fils et a gagné son procès, ce qui était rare pour une femme noire à l'époque.

Après avoir regagné sa liberté, Sojourner Truth est devenue une militante pour l'abolition de l'esclavage et pour les droits des femmes. Elle a parcouru les États-Unis pour donner des discours puissants et émouvants sur ces sujets.

L'un de ses discours les plus célèbres a été prononcé en 1851 à la Convention des droits des femmes à Akron, Ohio. Dans son discours intitulé "Ain't I a Woman?" (Ne suis-je pas une femme ?), Sojourner Truth a souligné l'injustice dont souffraient les femmes noires, qui étaient souvent oubliées dans les luttes pour les droits des femmes.

Malgré les obstacles, Sojourner Truth a continué à se battre pour les droits des femmes et des Noirs tout au long de sa vie. Elle est décédée en 1883, mais son héritage continue d'inspirer des générations de personnes qui se battent pour l'égalité et la justice. Aujourd'hui, Simone continue d'inspirer les jeunes athlètes et les femmes du monde entier avec son talent, sa persévérance et son courage. Elle est un véritable modèle pour les filles qui veulent réaliser leurs rêves, quel que soit le domaine dans lequel elles se trouvent.

Femme extraordinaire qui a consacré sa vie à la lutte pour l'abolition de l'esclavage et les droits des femmes

SONIA SOTOMAYOR

Sonia Sotomayor est née en 1954 à New York, dans une famille d'origine portoricaine. Elle a grandi dans un quartier pauvre de la ville et a dû faire face à de nombreux obstacles pour réaliser son rêve de devenir juge. Malgré ces difficultés, elle a travaillé dur à l'école et a obtenu une bourse pour étudier à l'université de Princeton.

Après avoir obtenu son diplôme à Princeton, Sonia Sotomayor a fréquenté l'école de droit de Yale, où elle a été l'une des rares femmes et la seule personne d'origine hispanique de sa classe. Après avoir obtenu son diplôme, elle a travaillé dans un cabinet d'avocats et a ensuite été nommée juge fédérale par le président George H.W. Bush.

En 2009, le président Barack Obama a nommé Sonia Sotomayor à la Cour suprême des États-Unis. Elle est devenue la première femme d'origine hispanique à occuper ce poste prestigieux. Depuis lors, elle a travaillé sans relâche pour rendre la justice et défendre les droits des minorités.

Sonia Sotomayor est un exemple inspirant de persévérance et de réussite malgré les obstacles. Elle a travaillé dur pour réaliser ses rêves et a ouvert la voie à de nombreuses autres femmes et personnes d'origine hispanique pour atteindre leurs objectifs. Elle est un véritable modèle pour les rebelles de tout âge qui cherchent à réaliser leurs rêves et à faire la différence dans le monde.

Juge à la Cour suprême des États-Unis, un poste qu'aucune femme d'origine hispanique n'avait jamais occupé auparavant.

SUSAN B. ANTHONY

Susan B. Anthony est née en 1820 dans le Massachusetts. Elle était la deuxième de huit enfants et a grandi dans une famille de Quakers. Les Quakers croyaient en l'égalité entre les sexes et Susan a donc grandi avec l'idée que les femmes devaient avoir les mêmes droits que les hommes.

En grandissant, Susan a été témoin de l'injustice subie par les femmes. Elle a vu comment les femmes étaient considérées comme des citoyennes de seconde zone et ne pouvaient pas voter ou posséder de biens. Elle savait que cela devait changer.

Susan a commencé à travailler comme enseignante, mais elle a rapidement réalisé que les femmes étaient sous-payées par rapport aux hommes pour le même travail. Elle a commencé à militer pour l'égalité salariale et pour les droits des femmes en général.

En 1869, Susan a fondé l'Association nationale pour le suffrage des femmes avec Elizabeth Cady Stanton, une autre militante pour les droits des femmes. Elles ont travaillé ensemble pour faire avancer la cause des femmes et obtenir le droit de vote pour les femmes.

Pendant plus de 50 ans, Susan a travaillé sans relâche pour obtenir l'égalité des droits pour les femmes. Elle a prononcé des discours, écrit des articles et organisé des manifestations pour faire entendre sa voix. En 1920, le 19e amendement de la Constitution américaine a enfin été adopté, accordant le droit de vote aux femmes.

Susan B. Anthony est décédée en 1906, avant que le droit de vote ne soit accordé aux femmes, mais son héritage a continué à inspirer les militantes pour les droits des femmes. Aujourd'hui, nous pouvons voter et posséder des biens grâce à des femmes courageuses comme Susan B. Anthony, qui ont lutté pour l'égalité des sexes.

Militante américaine qui a lutté toute sa vie pour les droits des femmes et de l'égalité des sexes.

TONI MORRISON

Toni Morrison was an American author and editor, best known for her novels exploring the experiences of African Americans, particularly black women. She was born on February 18, 1931 in Lorain, Ohio, as Chloe Ardelia Wofford.

Growing up, Toni was an avid reader, and she loved to write stories. She attended Howard University in Washington, D.C. where she studied English and later earned a Master's degree from Cornell University.

After completing her studies, Toni worked as an English teacher at Texas Southern University and then at Howard University, where she met fellow writers and thinkers who helped her develop her own writing voice. In 1970, she published her first novel, The Bluest Eye, which tells the story of a young black girl who yearns for blue eyes, believing they will make her more beautiful and accepted.

Over the course of her career, Toni published many other novels, including Sula, Song of Solomon, and Beloved, which won the Pulitzer Prize for fiction in 1988. Her books often tackled difficult themes, such as slavery, racism, and the complex lives of black women.

In addition to her writing, Toni was also a professor at Princeton University and a powerful voice in the literary world. She received many awards and honors throughout her life, including the Presidential Medal of Freedom in 2012.

Écrivaine américaine qui a inspiré des millions de personnes à travers ses romans.

VALENTINA TERESHKOVA

Valentina Tereshkova est née en 1937 en Russie, alors que le pays était en pleine révolution industrielle. Elle était issue d'une famille modeste et a commencé à travailler très jeune pour aider financièrement sa famille.

En 1961, alors qu'elle travaillait dans une usine textile, Valentina a entendu parler d'un programme spatial soviétique pour envoyer des femmes dans l'espace. Elle a décidé de postuler et a été sélectionnée parmi plus de 400 candidates pour faire partie du groupe de cosmonautes féminines.

Le 16 juin 1963, Valentina est devenue la première femme à voyager dans l'espace à bord du vaisseau spatial Vostok 6. Elle a effectué 48 orbites autour de la Terre pendant près de trois jours et a réalisé des expériences scientifiques en apesanteur.

Après son vol, Valentina est devenue une héroïne nationale en Union Soviétique et a continué à travailler dans l'industrie spatiale. Elle est également devenue une ambassadrice de bonne volonté de l'ONU et a voyagé dans de nombreux pays pour promouvoir la coopération internationale dans le domaine de l'espace.

Valentina a inspiré de nombreuses femmes à poursuivre des carrières dans les sciences et la technologie, et elle reste un symbole de la force et de la détermination des femmes dans la conquête spatiale.

Que ce soit sur Terre ou dans l'espace, Valentina Tereshkova a montré que les femmes sont capables d'accomplir de grandes choses lorsqu'elles ont la volonté et la détermination de suivre leurs rêves.

Première femme à être allée dans l'espace.

VIRGINIA WOOLF

Virginia Woolf est née en 1882 dans une famille de la haute société anglaise. Elle a grandi entourée de livres et a commencé à écrire dès son plus jeune âge. Malgré les limites imposées aux femmes de son époque, Virginia Woolf a réussi à devenir une écrivaine renommée.

Elle a écrit de nombreux romans et essais, dont son œuvre la plus célèbre, "Mrs Dalloway", publiée en 1925. Elle était également une figure clé du mouvement littéraire moderniste, qui a bouleversé les conventions traditionnelles de la littérature.

Virginia Woolf était également une fervente féministe, défendant l'égalité des sexes et l'émancipation des femmes dans ses écrits. Elle a également co-fondé la maison d'édition Hogarth Press avec son mari, Leonard Woolf, pour publier ses propres livres ainsi que ceux d'autres écrivains modernistes.

Malgré des troubles mentaux tout au long de sa vie, Virginia Woolf a continué d'écrire et a laissé un héritage littéraire durable. Elle est considérée comme l'une des plus grandes écrivaines anglaises du XXe siècle.

Écrivaine anglaise qui a influencé la littérature moderne.

WISŁAWA SZYMBORSKA

Wisława Szymborska était une poétesse polonaise née en 1923. Elle a vécu pendant la Seconde Guerre mondiale et a connu de nombreux événements difficiles. Malgré cela, elle a développé un amour pour l'écriture et la poésie dès son plus jeune âge.

Elle a commencé à publier ses poèmes dans les années 1940 et a rapidement gagné en reconnaissance pour son style unique et sa voix poétique authentique. Elle a continué à écrire et à publier de la poésie pendant des décennies, devenant l'une des voix les plus influentes de la littérature polonaise.

En 1996, Szymborska a remporté le prix Nobel de littérature pour son travail inspirant et poignant. Elle a utilisé sa plateforme pour parler de l'importance de la poésie et de l'art dans notre vie quotidienne, ainsi que pour évoquer des problèmes sociaux et politiques importants.

Sa poésie était souvent centrée sur des thèmes tels que la mort, la vie, l'amour et la condition humaine. Elle était célèbre pour son sens de l'humour subtil et son style d'écriture accessible.

Wisława Szymborska est un exemple inspirant d'une femme forte qui a surmonté de nombreux obstacles pour suivre sa passion pour l'écriture et la poésie. Elle a continué à écrire et à inspirer les gens du monde entier jusqu'à sa mort en 2012.

Poétesse polonaise qui a remporté le prix Nobel de littérature en 1996.

WILMA RUDOLPH

Wilma Rudolph est née en 1940 à Saint-Bernard, dans le Tennessee. Elle était le 20e enfant d'une famille de 22 enfants. À l'âge de 4 ans, Wilma a été victime de la polio, une maladie qui a affecté sa jambe gauche et l'a laissée invalide.

Malgré sa maladie, Wilma n'a jamais abandonné son rêve de courir. Elle a commencé à faire de l'exercice et à se renforcer physiquement en marchant plusieurs kilomètres par jour pour aller à l'école. Elle a également commencé à porter un appareil orthopédique à la jambe pour l'aider à marcher.

En grandissant, Wilma a commencé à participer à des courses locales et a rapidement montré un grand talent pour la course. Elle a continué à s'entraîner dur et à améliorer ses temps. En 1956, elle a participé aux Jeux olympiques de Melbourne en Australie, mais n'a pas remporté de médaille.

Quatre ans plus tard, en 1960, Wilma a de nouveau participé aux Jeux olympiques, cette fois à Rome. Elle a remporté trois médailles d'or en course de sprint, devenant la première femme américaine à remporter trois médailles d'or en athlétisme lors des Jeux olympiques.

Wilma a continué à courir pendant plusieurs années et est devenue une militante pour les droits civiques et pour encourager les jeunes filles à poursuivre leurs rêves. Elle est décédée en 1994 d'un cancer.

Wilma Rudolph est une source d'inspiration pour tous ceux qui ont surmonté des obstacles pour réaliser leurs rêves. Elle a prouvé que rien n'est impossible si l'on travaille dur et qu'on ne renonce jamais à ses rêves.

Athlète extraordinaire qui a surmonté de nombreux obstacles pour devenir une championne olympique.

WU ZETIAN

Wu Zetian est née en 624 dans la province de Shanxi, en Chine. Elle a été la seule femme à régner comme impératrice de Chine dans l'histoire du pays.

Dès son plus jeune âge, Wu Zetian était très intelligente et avait une soif de connaissances inépuisable. Elle a étudié les textes confucéens, a appris à écrire et à lire, et a développé des compétences en calligraphie et en poésie.

Malgré les attentes de la société chinoise de l'époque qui limitait les possibilités des femmes, Wu Zetian a réussi à se faire une place dans la cour impériale. Elle est devenue une concubine de l'empereur Taizong, et a utilisé cette position pour développer ses compétences en politique.

Après la mort de l'empereur Taizong, Wu Zetian a continué à gravir les échelons de la cour impériale et est devenue une conseillère de l'empereur Gaozong. Elle a utilisé son influence pour réformer le système bureaucratique de l'Empire, pour améliorer les droits des femmes et pour promouvoir l'éducation.

En 690, après la mort de l'empereur Gaozong, Wu Zetian a pris le pouvoir et est devenue la première et la seule femme à régner sur l'Empire chinois. Elle a dirigé le pays avec une poigne de fer, mais elle a également mis en place des réformes qui ont amélioré la vie des citoyens chinois.

Wu Zetian a été une figure controversée dans l'histoire de la Chine, mais elle a marqué les esprits en tant que femme puissante et influente. Sa vie a inspiré de nombreuses femmes à travers le monde à poursuivre leurs rêves et à ne jamais abandonner leurs ambitions, même si elles sont confrontées à des défis et des obstacles.

Impératrice chinoise extraordinaire qui a marqué l'histoire de la Chine.

ZORA NEALE HURSTON

Zora est née en 1891 dans une petite ville de Floride. Elle aimait raconter des histoires et écrire des poèmes dès son plus jeune âge. Malgré les difficultés rencontrées dans sa vie, Zora n'a jamais abandonné sa passion pour l'écriture.

Elle est devenue une écrivaine célèbre pour ses livres sur la vie des Afro-Américains dans le sud des États-Unis. Elle a également voyagé en Haïti et en Jamaïque pour étudier la culture des Africains vivant dans les Caraïbes.

Mais Zora n'était pas seulement une écrivaine talentueuse, elle était aussi une femme courageuse. Elle a été une militante active pour les droits des femmes et des Afro-Américains. Elle a voyagé dans tout le pays pour donner des conférences et des discours inspirants.

Zora est devenue une icône de la lutte pour l'égalité et la justice. Son héritage littéraire et militant continue d'inspirer les gens du monde entier. Merci Zora, pour avoir montré au monde que l'on peut être fier de ses racines et poursuivre ses rêves. Bonne nuit les filles rebelles !

Écrivaine qui a laissé un héritage durable dans la littérature et la culture afro-américaines.

Printed in Great Britain
by Amazon

24252026R00084